こわされた夫婦

ルポ ぼくたちの離婚

稲田豊史
Toyoshi Inada

清談社
Publico

わたしたちにとって、苦しむことはなにかをなしとげるという性格を帯びていた。

――ヴィクトール・E・フランクル『夜と霧　新版』（池田香代子《いけだかよこ》・訳）

「語られた話」の事実性は、あるいは精密な意味での事実性とは異なっているかもしれない。しかしそれは『嘘《うそ》である』ということと同義ではない。

――村上春樹《むらかみはるき》『アンダーグラウンド』

「私の役目は穴を開けないようにすることでも、誰がその穴を開けたのかを問うことでもありません。開いてしまった穴のそばで、決して逃げずに、じっと見つめることなんじゃないかって」

――『教誨師《きょうかいし》』（監督・脚本：佐向大《さこうだい》）

まえがきに代えて
——離婚は「社会の全部」

本書は、離婚を経験した男女（多くは男性）たちに、離婚に至るまでの経緯や顛末《てんまつ》を聞いたルポルタージュである。２０１８年６月からウェブメディア「女子ＳＰＡ！」に連載され、２０１９年11月にはそれらを集めて、『ぼくたちの離婚』（角川《かどかわ》新書）を刊行した。その直後から２０２２年末にかけて断続的に連載したものに大幅な加筆・修正を施してまとめたものが、本書だ。

『ぼくたちの離婚』で話を聞いた男性の多くは、「大都市に住み、知的職業に従事する、文化系男性」だったが、これはあえて狙った。なぜなら彼らの離婚事由は、夫側の浮気や暴力や借金や犯罪といったものとは一線を画す、強く歪《ゆが》んだ現代性を帯びていたからだ。

「適齢期になったので結婚したが、夫や父という立場を引き受けるのが苦手だった」
「心を病んだ女性を〝庇護《ひご》〟できると思って結婚したが、自分の器を過信していた」
「地獄のような夫婦生活だったが、外に知れたら恥なので誰にも相談できず、最終的に心を病んだ」

根っこにあるのは、いわゆる「有害な男らしさ」だ。

彼らが育つ過程で幼少期から教え込まれてきた「男とは、こうふるまうべき」とされる昭和的・家父長制的な行動規範が、間違った選択を後押しし、彼ら自身を苦しめ、呪縛する。そこに、ある種の文化系男子特有の女性経験の少なさが掛け合わされた結果、目も当てられない惨状を招いたわけだ。

ところが、『ぼくたちの離婚』刊行以降に取材で出会った離婚者たちのエピソードは、少し様相が異なっていた。個人の資質に起因する「有害な男らしさ」という離婚原因はある程度残存しつつも、社会に起因する「社会問題」が語りの中に背景として垣間《かいま》見《み》えるようになったのだ。貧困、ヤングケアラー、不妊問題、ジェンダーロール（性別によって期待される固定的な役割）、毒親《どくおや》、虐待、親権問題などである。取材対象者と知り合う手段は人を介した紹介が大半であり、こちらから「こういうエピソードが欲しい」と望めるものでも、望んだところで行き当たるものでもない。にもかかわらず、なぜかそういう相手に遭遇することが増えていった。

離婚そのものは、最終的には当事者同士の相性の問題である。それは間違いない。しかし取材を重ねるうち、こう感じるようになった。

「社会の構造が離婚を促進させた側面もあるのではないか？」

『ぼくたちの離婚』のまえがきで、離婚は「人間の全部」と書いた。それに連ねて韻を踏むなら、本書において離婚は「社会の全部」だ。離婚はその人の人生をあぶり出すだけでなく、その時点での社会のありようまでも可視化する。離婚で、社会が見える。

見えてくるものの射程が前著とは大きく異なっている。当事者以外の「何か」によって夫婦が引き裂かれる。それゆえ、本書のメインタイトルは――『続・ぼくたちの離婚』とはせず――『こわされた夫婦』とした。「毀《こわ》された」である。

ところで、取材では元夫婦のどちらか一方にしか話を聞いていない。それゆえ、こんな疑念を持たれるかもしれない。

「片方だけの言い分だけを聞くのは不公平ではないか。自分に都合よく話を捏造《ねつぞう》している、あるいは話を盛っているかもしれない」

その通りだ。彼らが熱弁する「元配偶者から受けた仕打ち」の口述報告は、相応の慎重さと冷静さをもって受け止める必要がある。

ただ本ルポはそもそも、語りの真偽を聞き手がジャッジすることを目的としてはいない。あるひとりの人間が、人生の一大事ともいえる離婚を通じて何を感じ、その身に降りかかったことをどう解釈し、受け止め、総括し、整理しているのか。それを、聞き手である一介のライターが、語りから受けた印象を地の文に多少なりとも交えながら記録したものだ。

彼らが語る内容、彼らが信じる真実（とされるもの）は、もしかすると事実と異なるのかもしれない。しかし、そのように語らざるをえなかった彼らの切実さは、尊重されて然《しか》るべきだ。文章として記録する価値があるものと信じる。

そこで、取材と原稿執筆にあたっては最初に3つのルールを決めた。

①最初から「取材対象者の味方」というスタンスでは話を聞かない
②取材対象者に抱いた筆者の疑念も隠さず原稿に織り込む
③明らかに矛盾している発言も、そこに意味があると感じられたら、そのまま原稿に入れ込む

実は前著『ぼくたちの離婚』には、4つ目のルールとして「教訓じみた結論を筆者が言い切らない」を挙げていたが、今回は省いた。なぜなら、取材を通じて書かざるをえなかった筆者なりの「結論」は――教訓じみているかどうかはさておき――むしろ挿《さしはさ》んだほうが、より多くのことが読者に伝わると考え直したからだ。

取材は基本的に、筆者と取材対象者の1対1で行われた。プライバシーに配慮し、取材対象者や元パートナーをはじめとした人物名はすべて仮名。職業や年齢、登場する地名や固有名詞については、改変したものと、本人了承のもとそのまま載せたものとが混在している。また本人の特定を防ぐための措置として、エピソードの細部や時系列には、ことの本質を歪めない程度にアレンジを施した。

なお、2019年から2022年の取材期間中に、原稿まで仕上げたものの、本人の了承を得られずお蔵入りになったものが2編ある。また、取材の約束を取りつけたにもかかわらず、

直前になって「やはり話したくない」と連絡があって取材が中止になったケースもあった。

いずれの方にも身バレを防ぐための配慮を繰り返し強調したが、決意は固かった。とはいえ、筆者としては納得している。

いくら匿名とはいえ、対面で語ることと、それを文章にされて鼻先に突きつけられることは、心へのストレスのかかり方（の種類）がまったく違う。また、一度は話そうと決意しても、いざ自分の過去に向き合うとなった際に「今の気持ちを乱されたくない」と怯《ひる》んだり、過去や現在のパートナーに対する申し訳なさが湧き起こる心境もよくわかる。

裏を返せば、離婚は単なる人生の局所的な一イベントではないということだ。離婚はあらゆる意味で、彼あるいは彼女のその後の人生を決定づける。過去の非日常は現在の日常と、どうしようもないほどに継ぎ目なくつながっている。

だからこそ、当事者自身による離婚譚《たん》には、まるで今さっき離婚届を出してきたような生々しさがある。怒りや哀《かな》しみ、恐怖や痛み、絶望や失望、気づきや達観が、言葉の隅々にまで隙間なく詰め込まれている。取材中、彼らが言葉で過去を捉え直し再構築することで、自らの人生を文字通り「立て直して」いるように見える瞬間もあった。

ぜひ、彼らの言葉ひとつひとつに耳を傾けてほしい。

なお、筆者自身も離婚経験者である。

こわされた夫婦
ルポ ぼくたちの離婚
目次

まえがきに代えて――離婚は「社会の全部」 003

第1章 難儀な女に惹かれる男

Case #01 定岡洋平 「結婚してる私」でありたい 013

Case #02 筒本望 因果応報なき世界 027

Case #03 仲本守 夜と霧 047

第2章 やがて悲しき文化系

Case #04 山野辺武志 色褪せる花束 079

Case #05 遠山英介 上級国民の余裕 089

第3章 人の子にして人の親

Case #06 谷口和成 わが子を、わが手に 099

Case #07 岩間俊次 嘘つきと酔いどれ 133

第4章 この理不尽なる社会

Case #08 大平正太 パパはナンパ師 151

Case #09 小林徹 いつか南の島で 169

Case #10 石岡敏夫 咲かずして散る花 203

第5章 わたしたちの役割

Case #11 藤堂由実 わたしは宇宙人 223

Case #12 広田美波 あるべき場所に 241

第6章 ぼくたちの結論

Case #13 園田圭一 シュレーディンガーの幸せ 259

Case #14 土岡純也 縁側とテーブル 277

あとがき 291

＊取材対象者および関係者の年齢は取材当時のものです

第1章

難儀な女に惹かれる男

Case #01

定岡洋平

「結婚してる私」でありたい

12歳下の「全然有名ではない声優」

司法書士の定岡洋平《さだおかようへい》さん（46歳）が12歳年下の元妻・凜子《りんこ》さんと出会ったのは、10年前に参加したあるオフ会の場。定岡さんの言葉を借りるなら、凜子さんは「全然有名ではない声優」だった。当時、定岡さん36歳、凜子さん24歳。

「専門学校の声優科を卒業して、事務所の預かり所属を経て正所属にはなってはいたものの、たいした仕事は入らず派遣社員として働いていました。趣味はBL系のコンテンツ漁《あさ》りとネットゲーム。まあ、ガチガチの腐女子《ふじょし》です」

現在の凜子さんは声優業を廃業しているとのこと。SNSに自撮り写真をアップしているというので見せてもらうと、タレント並みの容姿だった。定岡さんは「盛っている」と言うが、それでもかなりのもの。スレンダー、黒髪ロング、ややゴスが入ったファッション、欧米風の顔つきに目を引かれるが、定岡さんいわく「両親はともに日本人」だそうだ。

「知り合ってからしばらくは、オフ会仲間数人の集まりで会うだけの関係でした。1対1のやり取りといえば、LINEでときどき趣味話をする程度。僕は腐女子の友達が多くてBLコンテンツにはある程度通じていましたから、わりとディープな会話ができたんです。プレイしているネットゲームも同じでしたし」

ごくたまに、ネットゲームの大会やアニメ関係のイベント帰りにふたりでお茶をする程度のことはあったが、それ止まり。そのまま3年ほどが過ぎた、ある日のこと。

「LINEで話があると言われ、指定された店に行くと『私と付き合ってみない？』と言われました。12歳も年下ですし、3年もそんな素振りがなかったので、そういう可能性はないものと思っていたんですが……」

定岡さんは凛子さんの申し出を承諾した。

ところで、定岡さんはずっと凛子さんと付き合いたかったのだろうか？　そう聞くと、意外にも否定された。

「正直、外見は好みのタイプではなかったです。家族愛、みたいなものでしょうか」

「私を意思決定に巻き込まないで」

交際は順風満帆ではなかった。

「彼氏・彼女の関係になった途端、凜子は不機嫌の塊になりました。趣味の話をするとき以外は、基本的にネガティブな感情を僕にぶつけることしかしない。疲れた、お腹が空《す》いた、暑い、寒い、店が混んでいて嫌だ、電車内の赤ん坊がうるさい、上司がムカつく、あんなやつ死ねばいい……。自分が被るあらゆる不快が、まるで僕のせいであるかのように」

付き合って最初の誕生日のこと。

「彼女が前々から欲しがっていた高級ヘッドフォンをプレゼントしました。アニソンをいい音で聴きたいと言っていたので。でもカフェでそれを渡したら、突然彼女の顔から表情が消えて、押し黙ってしまったんです。僕はわけがわからなくなって、『どうしたの？』と何度も聞いたんですが、何も答えない。ヘッドフォンの箱を手に取っては置き、手に取っては置きを何十回も繰り返し、カフェの天井を見て何かを考え込んでいる。そのまま15分くらい気まずい時間が流れました」

定岡さんがおずおずと「今日はもう帰ろうか？」と言うと、ようやく凜子さんが口を開いた。

「普通……誕生日って、指輪とかアクセサリーじゃない？」

恨みに満ちた、鬼の形相で定岡さんを睨《にら》みつける凜子さん。顔は上気して真っ赤。目には涙が溜《た》まっていた。

「睨み殺されるかと思いました。凜子は『自分が思っていたことと違う』という状況に、尋常でないストレスと激しい怒りを感じるんです」

凜子さんは、何かにつけて「自分の責任で物事を決めたくない人」だった。

「デート中に、どこでご飯を食べようか？　何食べたい？　と聞いても絶対に答えません。なので僕がその場で調べてどこかの店に入ると、必ずあれこれだと文句を言う。内装が汚いね、店員の態度が気に入らない、味が好みじゃない、この料理でこの値段は高すぎる、はずれだね。店を選んだ僕の責任だと言わんばかりの恨み節で」

それがあまりに何度も続いたので、定岡さんはあるとき、恐る恐る言った。「だったら、今度からお店は一緒に決めようよ」。すると凜子さんは激怒した。

「私を意思決定に巻き込まないで」

一体、どういうことか。

「自分が意思決定に入っていなければ、僕に対して一方的に文句が言えるけど、一緒に決めてしまったら、文句が言えなくなる。それが嫌だということです」

あまりにも自分勝手すぎるが、それが凜子さんのデフォルトだった。

肉体関係がないまま結婚

「付き合いたての頃、旅行に行きたいと言うから1泊2日の計画を立てて伝えたら、突然沈痛な面持ちで押し黙っちゃいました。あれ、なんか変なこと言ったかなと思って『どうしたの？』と聞いても、沈黙。みるみる不機嫌になっていく。『もしかして旅行、あんまり気が進まない?』と聞いたら、震えながら『日帰りがいい』と」

凛子さんは、他人との身体的な接触を極端に嫌う人だった。彼氏とて例外ではない。それゆえ泊まりを避けたのだ。

「手をつないではくれましたが、基本的に体に触られることは好まない。キスも、凛子の精神状態がかなり良好なときでないと許してくれません。聞くと、今までの人生で性的欲求を抱いたことがないし、正直言えば、あなたが性的欲求を抱いていることが信じられないと」

肉体関係がないまま1年半が経過。凛子さんの不機嫌は相変わらず。

「僕も40歳を過ぎたので、結婚のことを考え始めました。でも凛子とは肉体関係もないし、正直このままではとても結婚なんてできない」

定岡さんは慎重に言葉を選びながら、今後について凛子さんに相談した。すると凛子さんは驚くべきことを口にする。

「籍を入れたいなら、いつでも入れるけど」

定岡さんは驚いたが、ようやく関係性が前進したと思い、すぐに結婚の準備を進める。

「ただ、結婚式は絶対に嫌だと拒否されました。バカみたいな衣装を着て晒《さら》し者にはなりたくないと。だから互いの両親を招いた食事会だけ開きましたが、最初の挨拶以外、凛子は一切口を開かず、愛想笑いもせず、僕が機嫌取りで話しかけても無視。うちの両親はものすごく怪訝《けげん》そうな顔をしていましたよ」

ともあれ、ふたりは婚姻届を提出。新居も決まり、都内の湾岸高層マンションで同棲《どうせい》生活が始まった。ただし布団は別々。寝室に布団を2つ並べて敷いていた。

引っ越して2日目の夜、事件が起こる。

「私の時間を盗まないで」

「布団でキスをしようと寄り添ったら、首をガッとつかまれて怒鳴られました。『洋平さんはウキウキしてるかもしれないけど、私はそれどころじゃないの！　いっぱいいっぱいなの！』。そう言ったあとは僕の服をぎゅっと握りしめ、小刻みにブルブル震えてるんです。こりゃあダメだと思って、そのまま寝ました」

その日を境に、凜子さんは定岡さんとのセックスはもちろん、身体接触も避けるようになる。しかも凜子さんは、定岡さんと一緒に過ごす時間をまったく作らなくなった。

「凜子は土日をすべて同性の友達との予定で埋め、僕と過ごす時間を徹底的に削りました。もう少し一緒に過ごす時間を確保してほしいと言うと、何を言ってるんだという表情でこう言われました。『家でずっと一緒にいるのに、そのうえ一緒に出かけるなんて理解できない。私はあなたと一緒に何かしたいわけじゃない。私の時間を盗まないで』と」

「時間を盗む」とは穏やかではない。面食らった定岡さんが「じゃあ、なんで籍を入れてもいいなんて言ったの」と抗議すると、凜子さんは怒りを爆発させた。

「今まで散々我慢してきたんだから、予定くらい入れたっていいじゃない！　家でまで気を使いたくない！」

何がなんだかわからない。そもそも交際を持ちかけてきたのは凜子さんのほうだ。〝我慢〟させるほど拘束した覚えもない。そもそも交際中も月に1度か2度程度の頻度でしか会っていないのだ。

この結婚を続けるのは難しい。定岡さんがそう感じ始めた矢先、信じられない言葉が凜子さんの口から発された。

「子供が欲しい」

「レイプするわけ⁉」

定岡さんは混乱した。凜子さんはセックスに異常な嫌悪感を示している。身体的接触すら積極的ではない。しかも定岡さんと一緒に何かしたいわけじゃない、とはっきり言った。それだけ聞けば、完全に夫婦であることを拒否しているように見える。不可解すぎる。

しかし定岡さんは、凜子さんの言葉に一縷《いちる》の望みを託した。

「僕もいずれ子供は欲しかったですし、子供が欲しいということは当然、セックスをする気もあるということでしょう。凜子の中で何かが変わってきたのかなと……期待しました」

凜子さんは「セックスは排卵予定日前の、月1回だけにしてほしい」と言ってきた。そして迎えたその日。

「排卵予定日のきっかり2日前。夜、体に触れようとしたら、あからさまに嫌な顔をしてきたので萎えてしまい、その日はやめました。それで翌日の夜、改めて触れようとしたら、半狂乱で泣き叫ばれたんです。わけがわからず、どうして？　どうしたの？　と聞くと、『月に1回だけって言ったじゃない！』」

前日に誘ったのも「1回」とカウントされていたのだ。

「さすがに納得がいかなかったので『いや、でも……』と言いかけると、ものすごい形相で『レイプするわけ!?』とすごまれました。あのときの凛子の目は忘れられません。下劣なものを見るような、軽蔑の眼差《まなざ》しでした」

凛子さんが落ち着くのを待って、定岡さんは「子供が欲しい」の真意を改めて聞いた。すると凛子さんは言った。

「本当は人工授精にしたいけど、それだとあなたに申し訳ないから我慢してる」

精神的なDVに遭っている

この一件以降、凛子さんの情緒は悪化した。不機嫌のみならず気分のアップダウンが激しくなったのだ。

「死んでほしいという言葉を浴びせてきた5分後に、私を捨てないでと懇願してくる。平日の勤務中、ＬＩＮＥが毎日何十件も送られてきました。『死にたい』『私に関心を持たないで』『私は好きなことをしたい』『あなたに時間と感情を使いたくない』『子供は絶対に欲しい』。もう、めちゃくちゃです」

定岡さんの精神は次第に疲弊していった。仕事中に動悸《どうき》が止まらなくなったり、突然涙が出たり。見かねた同僚が心療内科への通院を勧めた。

「医者に凛子のことを洗いざらい話しました。交際中のこと、結婚生活のこと、子供が欲しいと言われたけどセックスを嫌がられていること。すると、あなたは精神的なＤＶに遭っているからこのまま家に帰らないでください、と言われました」

定岡さんはそこで初めて自覚した。自分は明確に被害者なのだと。ただ、さすがにそのまま家に帰らないわけにはいかない。

「その週末、凛子を刺激しないよう注意深く言いました。体調が悪くて、このままだと君に迷惑をかけてしまう。だから実家にしばらく帰りたいと」

凛子さんの返事に、定岡さんを心配する様子は一切なかった。

「私もひとりのほうが快適だから、構わないよ」

不機嫌をぶつけてもいい相手

実家に戻って冷静になった定岡さんは、心療内科に定期通院して医者と話すことで、少しずつ凜子さんの「心のありよう」が見えてきた。

凜子さんの極端な性格、独特のコミュニケーションの取り方は、「典型的なある種の疾患」であり「生まれつきの脳の特性」である可能性が高い。そう医者は説明した（＊筆者注：定岡さんの希望により疾患名は伏せる）。

「長らく生きづらい人生を送ってきた凜子がずっと求めていたのは、自由気ままにふるまえる環境でした。要は、どんなに不機嫌やわがままをぶつけても許される相手。それが〝彼氏〟である僕だったんです」

だからこそ凜子さんは交際を自分から申し出た。そして交際が始まった途端、やりたい放題と化す。おあつらえ向きのサンドバッグを手に入れたようなもの。

「凜子は対人関係において、内側と外側でものすごく線引きをする子でした。外側、つまり対外的には神経質なほど気を使うけど、内側、つまり身内に対しては一切気を使わない。だから、僕がただの友人という外側の人間から彼氏という身内になった瞬間、気を使わなくてよくなったと判断した」

入籍の申し出も、その延長線上にある。

「結婚してしまえば、安心感はさらに盤石のものになります。交際しているだけでは、あまり好き放題にふるまいすぎると別れられてしまうけど、結婚はそう簡単に解消できませんからね。医者が言ってましたよ。あなたが結婚を決めたときの凜子さんの気持ちは『よかった、これで何も気にせず生きていける』ですよって」

“自分より下の女”に追いつかれたくない

やはり結婚生活を続けるのは難しいと感じた定岡さん。しかし凛子さんの人格のことを持ち出して彼女に話を切り出せば、逆上して修羅場になることは目に見えている。そこで子供のことに話題を絞ることにした。

「こんな状態で、もし子供ができても、ふたりでちゃんと育てられるかどうかわからない。ただでさえ君はストレスを溜めているし、と言いました。すると凛子は『そんなの、生まれてみなきゃわかんないじゃない！』とキレました。ああ……と確信しましたよ」

何を？

「子供ができたら、凛子は100％虐待します」

猛反発する凛子さんをよそに、着々と離婚の準備を進めていった定岡さん。そのさなかに参加した、ふたりの出会いのきっかけともなったある定例オフ会で、定岡さんは凛子さんと共通の友人である女性数人と話す機会があった。隠していても仕方ないので、実は離婚するんだと伝えると、彼女たちは「あー……」と納得気味の顔で口を開いた。

「凛子は彼女たちに、僕と付き合い始めたタイミングで『彼氏ができたマウンティング』を、結婚が決まったタイミングで『婚約マウンティング』を仕掛けてきたそうです」

その女性たちは定岡さんに、凛子さんの10年来の親友であるA子さんのことも教えてくれた。

「A子さんは僕も面識があるんですが、正直言って凛子とはかなり不釣り合いな容姿なんです。だから、ふたりがいつもニコイチで動いていることに若干の違和感はありました」

オフ会女性たちによれば、ずっと彼氏のいなかったA子さんに初めて彼氏ができ、とんとん拍子で結婚が決まったとき、凛子さんは明らかに苛立《いらだ》っていたという。

「要するに、ずっと〝下〟に見ていた非モテのヲタ友が自分に並び始めて、心穏やかではなくなったと。しかも、凛子が僕に『子供が欲しい』と言ってきたタイミングがですね、A子さんが仲間内に結婚報告をしたタイミングと、ほぼ同じなんですよ」

A子さんに追いつかれそうになった凛子さんは、A子さんを引き離しにかかろうとした。

「その切り札が子供というわけです」

凛子さんの生まれついての〝疾患〟は同情すべきものだが、それを差し引いたとしても、あまりにひどい。

「凛子が欲しかったのは僕という伴侶ではなく、〝彼氏がいる自分〟〝結婚している自分〟〝子供がいる自分〟でした。ただもう、それだけ」

それを裏付ける言葉が、離婚協議中に凛子さんの口から発された。

「子供が生まれたあとにあなたとうまくいかなくなっても、私ひとりで育てるから何も問題はないでしょう」

妻のどこが好きだったのか?

2019年10月、入籍から1年10カ月で離婚。定岡さん43歳、凛子さん31歳。凛子さんの捨て台詞《ぜりふ》は「早く婚活したいから、別れるなら早く別れたい」だった。

晴れて離婚した定岡さん。しかし、ここまで話を聞いていて、ふと気づいた。そもそも定岡さんは、凛子さんのどこを好きになって交際したのだろう? 交際の申し出を受けたことについては、「外見は好みのタイプではなかった」「家族愛みたいなもの」としか説明されていない。

改めて聞いてみたが、いまいち釈然としない答えしか返ってこなかった。

「ちょっと変わった子だとは思ったけど、付き合ってくださいと言われたので」

「変に贅沢《ぜいたく》な子じゃない子なら、いいかなって」

また、不機嫌をぶつけてくる凛子さんに、なぜもっと早く愛想を尽かさなかったのかという問いには、

「もともと恋愛感情が薄かった相手ですし……」

「しばらく付き合って結婚する気がないなら、別れようと思っていた」

と、なんとなく弁解じみている。

とはいえ、離婚できたのだからそれでいい。大事なのは過去ではなく未来だ。現在46歳の定岡さんには交際中の相手がいるという。

「10歳下のＢＬ好き腐女子です。声優ではなく、元地下アイドルですが」

Case #02

筒本望

因果応報なき世界

自己肯定感を回復させてくれた妹キャラ

平日の昼下がり、指定の喫茶店に現れた筒本望《つつもとのぞむ》さん（43歳）は長髪に革ジャン・Tシャツだった。映像関係の会社に勤めているという。彼は10年も前に離婚した元妻・亜子《あこ》さん（現在40歳、離婚当時30歳）との結婚生活を、まるで昨日のことのように話し出した。

出会いは13年前、筒本さんが30歳、亜子さんが27歳のとき。筒本さんは当時フリーランスの映像ディレクターだった。

「亜子は大学卒業後、いったん一般企業に就職しましたが、どうしてもテレビ業界に関わりたくて会社を辞め、映像制作の専門学校に通っていました。僕はその学校の講師と知り合いだった関係で、学生たちの集まる飲み会に呼ばれ、亜子と知り合ったんです」

知り合った当初、筒本さんは亜子さんを恋愛対象としては見ていなかった。しかし亜子さんは筒本さんとの距離を積極的に詰めていく。

「演出論、技術論、機材のうんちく、業界話なんかを、キラキラした目で質問してくるんです。答えると、『え、そうなんですかぁ』って、妹みたいに甘えてくる。付き合う気は全然なかったけど、そういうふうに頼られれば、正直、嫌な気持ちはしなかったです」

次第に男女の仲になっていくふたり。迫ってくる亜子さんを筒本さんが拒絶しなかったのには、理由がある。

「僕、亜子と出会う前に、年上ですごい美人の脚本家と付き合っていました。知り合ってすぐ趣味が合うとわかり、意気投合して男女の関係になったんですが、4カ月くらい経《た》った頃に、しれっと『私もいい年だから婚活しなきゃ』と言われ、一方的に別れを告げられたんです」

彼女はあっさりキャリアを捨て、のちに郷里の実業家とお見合い結婚した。

「僕は結婚相手の候補どころか、彼氏ですらなかった。彼女にとって僕との日々は、単なる暇つぶし、次への〝つなぎ〟だった。当時の僕はフリーランスとしてかなり稼いでいたんですが、一気に鼻っ柱をへし折られましたね。自己肯定感がどん底まで落ちました」

その下がり切った自己肯定感を回復させてくれたのが、亜子さんだった。

「打ちひしがれて、ぽっかり開いていた僕の心の穴を、亜子が埋めてくれました。まだ俺も捨てたもんじゃないな、って思わせてくれたんです」

「あの女はやめとけ」

亜子さんは筒本さんのマンションに入り浸るようになった。風呂の排水溝を丁寧に掃除したり、甲斐甲斐《かいがい》しく凝った料理を作ったり。その頃の亜子さんの写真を見せてもらうと、髪型はショートカットだが、顔の印象はPerfumeのかしゆかに似ている。かなり小柄でスレンダー。「自分を頼ってくれる、妹気質でかわいらしい押しかけ女房」といった印象だ。ファッションもどんどん筒本さんのテイストに寄せてきた。それがまたかわいいと感じたそうだ。

「多少、気持ちのアップダウンが激しい子でしたが、僕を口撃したり、ヒステリーを起こしたり、不機嫌をぶつけてきたりするような人ではなかったです。当時は」

ただ、少しだけ引っかかることがあった。亜子さんは交際中からパニック障害を患っていたのだ。

パニック障害とは、唐突に強い不安が襲って動悸や発汗が起こる「パニック発作」、パニック発作が起こるかもしれないと恐れる「予期不安」、発作が起きそうな状況や場所をあらかじめ避けようとする「回避行動」などで構成される症状群のこと。うつをはじめとしたさまざまな精神疾患の入り口ともなりうる。

「でも、それで僕が困ることはありませんでした。たまに不安が襲うとか、特定の状況で『ちょ、ちょっと待って……』と言われる瞬間はありましたが、落ち着いて対処すれば問題なかったので。……結婚するまでは」

この頃、筒本さんの父親が末期がんで余命いくばくもない状況だった。それを知った筒本さんは、亜子さんとの結婚を決意する。

「父が生きている間にね。これが最後の親孝行ってやつかなと」

筒本さんは亜子さんを両親に紹介し、既に同棲していること、結婚の意志があることを伝えた。ところが……。

「後日、僕がひとりで父を見舞いに行くと、病床の父が小声で僕に耳打ちするんですよ。『望、あの女はやめとけ』って。母が亜子に悪い印象を持っていて、そのことを父に言ったらしいんですが、詳細はわかりません。とにかく、父は亡くなるまでずっとそう言い続けていました」

しかし、既に心が固まっていた筒本さんは父親の意見には耳を貸さず、亜子さんと入籍する。結婚式は行わなかった。

働かない妻に毎月20万円

結婚直後から亜子さんは変わり始めた。

「亜子は専門学校を卒業後、就職した映像関係の会社が長続きせず、短期間に何社も転職を繰り返していましたが、結婚したタイミングですっぱり仕事を辞めてしまいました。僕の収入で生活が保障されているから、働かなくてもいいと踏んだんでしょう。当時の僕は羽振りがよかったので、すべての生活費を僕が出したうえで、亜子には食費と小遣いとして毎月20万円渡していました。いま思えば、渡しすぎですよね」

毎日忙しく働きに出る筒本さんを横目に、亜子さんは日がな一日、近所のツタヤで借りてきた海外ドラマのＤＶＤを見続けていた。

「あるとき亜子が駅前のヨガに通い出したんですが、『1泊2日のセミナー合宿があるから20万円ちょうだい』って言われたんです。たった1泊で20万はさすがにおかしいと思って問い詰めると、著名なヨガの先生を招待してるからお金がかかる。できれば知り合いも誘ってほしいと言われていると。宗教じみたやつです。どっぷり精神世界の入り口になってるような、ヤバい団体だと直感しました」

筒本さんは亜子さんを連れてヨガ教室に怒鳴り込み、ヨガ教室を辞めさせた。

努力が報われない世の中

やがて、筒本さんの父親が亡くなった。地元企業の経営者だったので、都内の寺で大きめの葬式を挙げたそうだが、そこでも亜子さんとひと悶着《もんちゃく》あったという。

「亜子と参列した葬式のあと、帰りのタクシーで彼女が信じられないことを口走ったんです。『経営者のわりにはたいした葬式じゃなかったね。もっと立派な葬式だと思ってた』って。公平に見てすごく盛大な式でしたし、仮にそう思っていたとしても、故人に対してあまりにも失礼でしょう。耳を疑いました」

筒本さんは声を荒らげて「そんなことないよね！　立派な式だったよ！」と抗議したが、亜子さんは謝りもしない。それどころか、「うちのお母さんの葬式はもっと立派だった」と言い返してきた。

亜子さんは存命中の父親と折り合いが悪く、大好きだった母親の死を「父親のせい」と口走ることがたびたびあった。結婚前にはこんなこともあったという。

「父が余命わずかだと亜子に伝えたとき、彼女、ものすごく動揺したんです。聞くと、自分がパニック障害になったきっかけが母親の死だったと。それがフラッシュバックしてしまったらしく、数日間落ち込んでいました。当時の僕は、むしろ亜子のことを『人に共感できる優しい子だ』くらいに思っていたんですが……」

葬式を境に夫婦関係は劇的に悪化していく。

「亜子の気持ちのアップダウンが激しくなっていきました。ちょっとしたことで錯乱し、大声を上げ、汚い言葉で僕を罵り、なじり倒すようになったんです。結婚前に同棲していた頃とはまるで別人になってしまって……。パニック障害の発作もひどくなりました。葬式で近親者の死に立ち会い、何かのスイッチが入ってしまったようでした」

筒本さんは亜子さんに精神科への通院を促した。一方で病気についてネットや書物で調べ、適切な対処方法を探ってもみたが、徒労感しかなかったという。

「考えに考えを尽くし、彼女が一番楽になるであろう言葉や対応を心がけましたが、何を言っても、何をやっても、どう歩み寄っても、『あんたにはわかんないわよ！』と一蹴され、責められました。かといって、そっとしておくと『どうして理解してくれないの⁉』と抗議される。途方に暮れました。それまでの人生で、こんなにも自分が無力だと感じたことはなかったです」

筒本さんは、一度は自己肯定感を回復させてくれた亜子さんに、今度はどん底まで叩《たた》き落とされた。

「四六時中、亜子のことしか考えてないのに、手がかりひとつ見つけられない。世の中は、費やした努力が何ひとつ報われない。因果応報なんて嘘っぱちだと思いました。その考えは今も変わりません」

「離婚されたら死ぬ」

その頃になると、亜子さんはすべてに対して無気力になり、家事を一切放棄するようになったが、筒本さんは咎《とが》めなかった。神経がけば立っている亜子さんにダメ出しじみた指摘などすれば、最悪の結果を招くだけだからだ。

そんな折、なんと亜子さんの浮気が発覚する。筒本さんの父親の葬式から半年も経っていない頃だ。

「僕の仕事が不規則だったので、ふたりの寝る時間と起きる時間はバラバラだったんですが、夜中に目が覚めると亜子が別の部屋でずっと電話をしている。僕が仕事から帰ってくると、そそくさと電話を切る。だから、彼女のスマホのパスワードロックを解除してメールを見てみました。携帯料金はすべて僕が払っていて、初期設定も全部僕がやったので、パスワードを知っていたんです」

完全に浮気だった。相手が亜子さんの〝病気仲間〟だということを、筒本さんは後日知る。

「僕がガチギレしてスマホを亜子に突きつけたら、亜子は逆ギレして『もう死ぬしかない。あなたに離婚されたら死ぬしかない！』と錯乱しました。それからの数ヵ月は、文字通り地獄です。僕がいるときには、ずっと『死ぬ死ぬ』って口に出して言い続けていました」

口だけではなく、亜子さんは行動で示した。

「『手首切って死ぬ』と宣言して、突然家を飛び出すんです。追いかけると、駅前スーパーの包丁コーナーの前で黙って包丁を見つめている。僕が追いかけてくることをわかってやっているのが見え見えなので、正直すごく腹立たしいんですが、それを言ってもしょうがない。なので、平静を装って『何してるの？　とりあえず帰ろうよ』と声をかけ、手を引いて連れ戻しました」

119番通報と有毒ガス

あるとき、筒本さんの仕事中に亜子さんから電話がかかってきた。応答すると、「火をつけて死ぬ」と言っている。慌てて帰宅すると、マンションの大家から「さっきまで消防車が来ていた」と聞かされた。火はつけず、119番通報だけしたようだった。

こんなこともあった。

「亜子のあとに風呂に入ったら、目がしばしばするんですよ。開けてられないくらいに。亜子に聞いたら、『お風呂であなたと死のうと思って、〝まぜるな危険〟のやつを焚《た》いといた』って。塩素系の洗浄剤と酸性の洗浄剤を混ぜて、塩素ガスを発生させてたんです。僕の命に別条はなかったですが……」

当時の亜子さんは、抗うつ剤など大量の薬を処方されていた。しかし、そう簡単に状況は変わらない。ほどなくして、筒本さんは心労で体調を崩す。勤務後に会社を出るとき、足が動かなくなった。

「帰ったら、また亜子の相手をしなきゃいけないんだと思うと、本当に、物理的に足が動かなくなるんです。毎日が恐怖でした」

一度だけ、亜子さんの暴言に対して「人生で一番怒った」ことがあるという。

「亡くなった父親のことを侮辱されたので、カッとなって……。気づいたら亜子の首を絞めていました」

筒本さん自身も精神的に追い詰められていた。

「最悪です。僕は一体何をやってるんだと思い、すぐに手を離しましたが、あれは、もう……本当に……ダメでした……」

筒本さんは離婚の決意を固める。しかし亜子さんは「離婚したら死ぬ」と言って譲らない。早まった行動を取られては大変なことになる。八方塞がりとなり憔悴《しょうすい》を極めた筒本さんは、生まれて初めて弁護士事務所の門を叩く。

そこで提案された戦略は意外なものだった。

100万円払って離婚してもらう

「弁護士に、どうやったらこのヤバいやつと手が切れるのかを教えてくださいと、単刀直入に言いました。自分の保身が第一です」

保身とは、と質問しかけると、筒本さんは食い気味に「卑怯《ひきょう》とでもなんとでも、言ってくださいね」と前置きしつつ、赤裸々に心境を吐露した。

「もし配偶者に自死されたら超面倒でしょ？　自死しないにしても、病気に苦しむ人間を見放したら見放したで、世間から責められるのも、良心の呵責《かしゃく》に苦しむのも、僕です。どっちにしろ僕が損する。〝勝ち〟はないんです。だったら、ダメージを最小にする権利くらい行使させてほしい」

あえての露悪的な物言いからは、当時の切羽詰まった状況がうかがえる。

「すると、弁護士から『筒本さん、お金払っちゃいましょう』と言われました。浮気したのは向こうなのに、なんで僕が？　と思ったんですが……」

要は、こういうことだ。筒本さんに100％養われている亜子さんは、離婚すれば生活が立ち行かなくなる。だが再就職は病気のこともあって難しい。「離婚したら死ぬ」は「離婚したら（経済的に）死ぬ」の意味でもあるのだ。であれば、当座の生活に困らない現金を渡せば離婚を承諾してくれるのではないか。弁護士はそう踏んだ。とはいえ、筒本さんが亜子さんに100万円を譲渡する義理などない。

「最初に100万円払い、毎月2万円ずつ分割で返してもらうよう提案してみては、と言われました。公正証書にその旨を記し、ハンコさえもらってしまえばこっちのものだと。奥さんは冷静な判断ができなくなっているから、飛びつくんじゃないですか？　と」

筒本さんは「そんなにうまくいくだろうか？」と半信半疑で、恐るおそる亜子さんに提案してみた。

「冗談みたいに簡単にハンコをついてくれましたよ。お金用意してくれるなら離婚してもいいよ、って。心底、呆《あき》れました」

併せて離婚届も提出した。ところが、亜子さんはいっこうに家を出ていかない。公正証書に

「退去期限」を明記していなかったのだ。

大晦日《おおみそか》の包丁騒ぎ

「亜子は『バイトを決めたら出ていく』と言っていましたが、何日経ってもなかなか出ていかない。また喧嘩《けんか》の日々です。ただ、そのとき住んでいたマンションが僕の実家の近くだったので、亜子と顔を合わせて嫌な気持ちになるよりはと、僕は実家から会社に通勤するようにしました」

そうして何週間か過ぎ、ようやく亜子さんは筒本さんに鍵を返却して家を出た。

「亜子が家を出たのが年末だったので、僕はマンションに戻らず、そのまま実家に居続けて正月を迎えようとしました。別れられてよかったねと母親と話してたんですが、なんだか胸騒ぎがしたので、12月31日の夕方に、実家の犬の散歩がてらマンションに行ってみたんですよ」

亜子さんが出ていったドアの前に立った筒本さん。ドアに手をかけると、なんと鍵がかかっていない。意を決してドアを開けた。

「真っ暗な部屋に、亜子が幽霊みたいにぼーっと立っていました。びっくりして、『え？　何してんの?』って言ったら、ゴニョゴニョと聞き取りづらい声で『あなたを待ってた』って。……ぞっとしました」

おそらくスペアキーを作っていたのだろう。とはいえ、今日この時間に筒本さんがマンションに立ち寄ることを、亜子さんが知るはずはない。何日間もずっと待っていたのか。それも定かではない。

「亜子は『お金貸してほしい』と僕に言いました。渡した100万円はどうしたのかと聞いたら『歌舞伎町《かぶきちょう》で使ったら、すぐなくなっちゃった』と。ホストクラブで豪遊したようでした」

暗がりに慣れてきた目で亜子さんの顔をよく見ると、視線が虚《うつ》ろ。ろれつも回っておらず、まともな会話ができない。亜子さんはおもむろに「お金欲しいなー」と言いながら、キッチンに向かってゆらりと歩き出した。

「予想通り、包丁を手に取りました。こっちにつかつか歩いてきて、突然激昂《げっこう》して『金貸せって言ってんだろぉおお』。鼻先くらいの距離まで刃物が迫ってきて……。亜子は明らかに意識が朦朧《もうろう》としていました」

ここで騒いだり押さえつけたりすれば、逆上されかねない。筒本さんは「いまお金持ってないから、コンビニで下ろせるだけ下ろしてくる。だから包丁だけ下げてくれないか」と言って亜子さんを落ち着かせ、彼女を部屋に残してマンションの外に出た。

「実は、離婚前に亜子が『死ぬ死ぬ騒ぎ』を起こして僕が身の危険を感じていたとき、所轄の警察署に相談していたんです。そのとき相談に乗ってもらった警察官に携帯電話から連絡しました。今、元妻が包丁出してます、と」

間もなくパトカーが3台到着し、中から出てきた警官が部屋にいた亜子さんを取り押さえた。

亜子さんは抵抗し、大声で叫ぶ。「離せっつってんだろぉぉぉ！　離せバカヤロー！」。筒本さんは「まるで『警察24時』のようでした」と溜め息交じりに振り返る。

娘を厄介払いしたい父親

警察署に連行される亜子さん。同行し、隣の部屋で待機する筒本さん。すると亜子さんの怒号が壁の向こうから聞こえてきた。「お前、なに警察呼んでんだよぉ！　ぶっ殺してやるからな！」。筒本さんに向けた言葉だった。

無論、筒本さんが亜子さんを引き取るわけにはいかない。警察は隣県に住んでいる亜子さんの父親に連絡を取ったが、警察に迎えに行くのを拒否された。その父親については結婚前から違和感があったと、筒本さんは振り返る。

「亜子が父親と仲が悪い、話が合わないというのは聞いていましたが、その父親もかなりの変人です。結婚の挨拶に行ったとき、耳が悪いのかそういう性格なのかわかりませんが、自分の都合だけをバーッと話して、人の話をあまり聞いていない。『娘を厄介払いできてホッとした』と顔に書いてありましたよ。嫌というほど知ってたんでしょうね、亜子が厄介な娘だということは。

亜子も亜子で、それまで聞いたことのない汚い言葉で『このじじい』とか『母はこいつのせいで亡くなったようなもの』と実の父親のことを罵っていました。なぜ彼のせいで母親が亡くなったのかは、結局聞けずじまいでしたが」

結婚に際し、筒本さんは不安にならなかったのか。

「当時は特になんとも思いませんでしたが、今から考えれば浅はかでした。その父親とも親類縁者になるんだから、もっと考えてもよかったですね」

結局、亜子さんはパトカーに乗せられ、父親の住む実家まで送り届けられることになった。筒本さんの携帯には、移送中も亜子さんからのショートメールが届き続けたという。「ぶっ殺す」「お前のババアもぶっ殺す」。ババアとは筒本さんの母親のことだ。筒本さんはこれを警官に見せ、警官の巡回ルートに実家も入れてもらうことにした。

しかし、話はまだ終わらない。

赤帽が勝手に荷物を運び出す

「年が明けて1月の4日だったか5日だったか。また虫の知らせがして、マンションに行ってみたんです。すると、またもドアが開いていたので中を見ると、赤帽の人が荷物を運び出そうとしているところでした」

亜子さんの仕業だった。大家に「妻ですが、鍵をなくしてしまった」と言って鍵を借り、筒本さんに黙って大型テレビやパソコンなど、家財道具一式を運び出そうとしていたのだ。無論、それらはすべて筒本さんの所有物。しかしタイミングよく、亜子さんは部屋にいなかった。

「とりあえず赤帽を帰してマンションの外に出ると、ちょうど亜子が道の向こうからこちらに戻ってくるところでした。それでまた警察に電話して来てもらいました」

亜子さんは警察に〝連行〟され、以降、二度と筒本さんの前に現れなかった。あっけない幕切れである。

「その後、亜子の父親から相談の電話が来ました。亜子をどうすべきかと。僕は、『今は正気じゃないので、身の危険を感じたら入院させたほうがいい』と伝えました。その後しばらく経ってから、措置入院したという連絡が彼から入ったのですが、呆れたことに『とにかく早く迎えに来てほしい』と言われたんです。

既に僕は離婚していましたし、復縁どころか二度と関わりたくない。この人は何を言ってるんだろうと呆れました。それほどまでに娘を誰かに押しつけたい。最後の最後まで厄介払いしたくて必死だったんです」

後悔はあるが、反省はない

筒本さんは「交際中からメンタルが不安定だとは承知していたが、ここまでのモンスターになるとは思ってもみなかった」と、地獄の3年間を総括した。

「亜子と仲がよくなりかけた頃、パニック障害を患う男の友人に相談しましたが、彼は『付き合うのは大変だと思う』と言っていました。あの言葉をもっと重大に考えていれば……。亜子が併発していた精神疾患について、当時の僕はあまりにも無知でした。病気の人と深い仲になるには、相当な覚悟が必要。上辺《うわべ》だけわかったつもりになっていてもダメ」

「亜子さんの病気についてもっと知っていれば、結婚しなかったですか？」と聞くと、筒本さんは「そうですね」と即答し、つぶやいた。

「〝違う世界〟というのがある。〝関わっちゃいけない世界〟というのが」

では、「関わっちゃいけない世界の住人たち」は、一体どうすればいいのだろうか。その問いに筒本さんは答えず、少しの沈黙を置いて言った。

「病床の父親と同じセリフを昔の僕に言ってやりたいですよ。『お前、あの女はやめとけ』って」

別の話題を探そうとした矢先、筒本さんが先に口を開いた。

「正直、〝学び〟にはなってないんですよ、亜子との結婚生活は。よく『失敗から学ぶ』とか言うけど、そういうふうに考えたことは一度もありません」

つまり？

「僕は反省してないってことですよ。自分に悪い点があったからよくない結婚をしてしまったのかと聞かれれば、そうではないということです。浮気したわけでも、亜子に不義理を働いたわけでもない。亜子が毎日のように死ぬ死ぬと言っていたときに僕が思っていたのは、人間、不幸というのはなんの脈絡もなく訪れるんだってことです。因果応報じゃないってこと」

よどみない口調で、筒本さんは続けた。

「天災みたいなものです。東日本大震災や新型コロナと同じ。前触れもなくいきなりやってきて、日常を根こそぎ全部変えてしまう。真面目に生きてさえいれば災厄を逃れられるわけじゃないでしょう？　平穏な日常が、ある日突然、『私、死ぬから』と口走って家を飛び出すメンヘラ妻を探しに行く日々に変わる。それが、いつ終わるとも知れず続く。想像できます？」

曖昧な返事をすると、ピシャリと言われた。

「自己責任論とか言うの、なしですよ（笑）」

日頃から防災の備えがあれば、あるいは適切な行動を取っていれば、震災で命を落とすことはなかったのか。新型コロナに罹患《りかん》したのは外出自粛を怠ったからなのか。結婚に失敗したのは、「そういう妻」を選んだ男の責任なのか――筒本さんが言っているのは、そういった類いの自己責任論だ。

おそらく筒本さんは、これまでに嫌というほど、「失敗した結婚」についての自己責任を周囲から問われ続けたのだ。

誰も、何も、得してない

筒本さんは離婚の数年後、同業者を通じた風の噂《うわさ》で、亜子さんが映像関係の会社に就職したことを知る。しかも、現在に至るまで会社勤めはかなり長続きしているという。

「驚くことに、2、3年に1回、思い出したように亜子から電話がかかってくるんです。で、うっかり取っちゃうんですよ。用件ですか？　しれっと映像関係の仕事の相談とか、業者の紹介依頼とかです。彼女、ごく普通に仕事してるんですよ。同業者で亜子と仕事したことあるやつに聞いたら、まあまあちゃんとしてるそうなんですよ。なんなんですかね、一体」

筒本さんは心底呆れたという顔をして、言った。

「結局、亜子は僕と結婚して仕事をする必要がなくなったから、余計なこと考えちゃって、おかしくなっていったと思うんです。その証拠に、離婚して働かなきゃいけなくなった今は、ちゃんと普通に仕事ができている」

「つまりですよ」と筒本さんは畳みかける。

「亜子は僕と結婚しなければ病気も悪化しなかったし、仕事も辞めなかった。僕と結婚したから不幸になったんです。あらゆる意味で、しなくてよかった結婚でした。誰も、何も、得してない」

あまりに救いがない。身も蓋もない結論だ。

「ほらね、学びなんかないでしょ。反省したってしょうがないんです」

Case #03

仲本守
夜と霧

就職活動で心を病んだ妻

都内のイベント企画会社に勤務していた仲本守《なかもとまもる》さん（48歳）が元妻の志津《しづ》さんと仕事を通じて出会ったのは、2003年の冬。仲本さん31歳、志津さん26歳のときだった。

「年は5つ下でしたが、音楽と映画の趣味が合いました。90年代の渋谷系《しぶやけい》音楽とか、ミニシアター映画とか。志津、結婚後は太っちゃいましたが、出会った頃は結構雰囲気のある美人だったんですよ」

仲本さんは、当時の志津さんの写真をわざわざ用意してくれていた。見せられたスマホの画面には、青白い顔でいかにも不健康そうな、痩せ気味の女性。全身ほぼ黒ずくめ。保育園児が着るスモックのような黒服に、黒のチョーカー。黒靴、髪は漆黒のおかっぱ。タイツだけがどす黒い赤みを帯びている。

「志津は僕と出会う前から、心の病で通院していました」

そう話す仲本さんの表情は小山田圭吾《おやまだけいご》に似ている。聞けば、かつて小山田が小沢健二《おざわけんじ》などと組んでいたフリッパーズ・ギターのファンだったそうだ。やや大仰なバケットハットと、そこから無造作にはみ出した髪の毛、猫のような目つきが、どことなく往年の小山田を彷彿《ほうふつ》させる。小山田よりはだいぶ太っているが。

「志津が高校生の頃に母親が家を出ていき、両親が別居状態になりました。原因は『仕事のストレスで心を病んだ父親が、母親に精神的DVを働き続けたから』だそうです。その後、父親の気分のアップダウンはすべて志津が引き受けることになりました。志津はひとりっ子。かなりつらかったと思いますが、僕に父親の悪口は絶対に言いませんでした」

志津さんは都内某有名大学の外国語学科に進学する。

「志津が精神を患い始めたのは大学の在学中です。就職活動が思うようにいかずストレスを溜め、過食と拒食を交互に繰り返しました。本人は通訳志望でいろいろと道を探っていましたが、スキルが足りなくて断念したそうです」

結局、語学力がまったく生かせない某企業の事務職に採用されるが、1年で退職。その後、都内の翻訳会社に入社する。そこは研究者向けに海外の学術論文や、法人向けに契約書や海外製品のマニュアルなどを翻訳する会社だった。

「志津にとっては屈辱にも近いものでした。彼女の大学はかなり偏差値の高い学校だったので、外国語学科の同級生は政府系機関に進んだり、国際的なＮＰＯに参加したり、一流商社で海外とやり取りする部署に配属されたりと、そんな感じ。なのに私は……と、よく腐っていましたね」

心を病んだ彼女、かっこいい！

仲本さんの会社が関わるイベントで翻訳会社に外注する案件があり、その際に知り合ったのが志津さんだった。体の関係がないまま何度か平日デートを重ねた、ある日。

「平日の夜に待ち合わせて映画を一緒に観た帰り道のことです。有楽町《ゆうらくちょう》駅前で、霧雨《きりさめ》が降っていました。どこそこのシーンがよかったなどと話していたら、彼女が唐突に僕の話を遮り、沈痛な面持ちで言ったんです。私、精神科に通院してるの、と」

翌日、長文メールが届いた。そこには、志津さんが診断された病名、主治医から寛解《かんかい》までは長期戦になると言われていること、今でも時おり希死念慮《きしねんりょ》に囚《とら》われること、なぜ自分はこうなってしまったのかの自己分析などが、びっしり綴《つづ》られていた。

「メールの文末には、『あなたは大切な存在だけど、私の人生に深く関われば、きっと巻き添えを食う。私の母がそうだった。だから私は苦しい』。そう書かれていました」

それを読んだ仲本さんは、すぐさまこう思ったという。

「心を病んだ彼女、かっこいい！」

……かっこいい？

「XXX（病名）という属性に萌《も》えていたんです。普通じゃない、繊細、生きづらい。なのに、僕のことを愛してくれる。なんてかっこいい構図なんだと。選民的な気分でした。僕は特殊な人に選ばれた、特殊ですごい人間なんだと高揚しました。不謹慎だし、愚かにもほどがありますが、当時は本気でそう思っていたんです。僕の人生、すごい！　と心から興奮していました」

仲本さんはすぐさま行動を起こす。同棲の準備だ。

「志津を守ってやらなければならない。その使命感に燃えていました。『ひとりでいるより、ふたりでいるほうが心強いよ』。そう彼女に言うと、涙を浮かべて喜んでくれました。志津の父親は全面的に賛成。懇意にしている不動産屋を僕たちに紹介してくれて、3LDKのデザイナーズマンションを格安家賃で借りられました。結婚については特に何も言われなかったです」

何をしていても怒られる

しかし同棲が始まると、1週間も経たないうちに仲本さんは打ちのめされる。

「僕が何をしていても怒るんです。志津は朝から晩まで基本的にイライラしているから、僕の行動・言動がいちいち気に障る。仕事で帰りが遅ければ『どれだけ待たせるの』と怒り、自分が興味を持てない話題を僕がすると、黙り込んで不快な顔をする。

自分が早く寝たいときに僕がまだ起きていると『寝たいんだけど』と苛立ち、自分がまだ起きていて酒を飲みたいときに僕が寝たいそぶりを見せると、あからさまに不機嫌。夜眠れない、古新聞が溜まっている、近所の物音がうるさい――ありとあらゆる不快を、全部僕にぶつけてきました」

ぶつけられる不快に対し、当初は仲本さんも不服を漏らしていた。

「僕が不服の表情をすると、ものすごい奇声を上げて錯乱するんです。大泣きしながら、声にならない声を、声帯全部を使って思い切り絞り出す感じです。『キィァアアアアアアアーーーーー！』って。それを延々繰り返して、暴れる。僕が押さえつけると『触るなぁーーーー！』と叫んで、信じられないほど強い力で振りほどこうとする。小さな子と一緒です。足をバタバタさせ、泣きじゃくってヒックヒックしている。

あまりに叫ぶので困ってしまい、『近所の目もあるから、少し声を落とそう』と言うと、『はぁ？　聞かせてやればいいよ！』と言って、窓を開け始めました。どうしようもなかったです」

ある朝、出勤前に玄関先で志津さんが錯乱した。原因は、帰りの時間を聞かれた仲本さんが「今日は取引先との飲み会だから、タクシーかもしれない」と答えたからだ。

「大声で僕を叱責し出して、『ふざっけんな！　私を放って何遊び歩いてんだ！　もう別々に暮らす!』と。しかもその悶着の最中に玄関ドアが開いていて、怒号を不審に思った隣の号室の初老夫婦が、様子を見に外廊下まで出てきてしまったんです。向こうのご婦人がドアの隙間からこっちを覗《のぞ》き込んで、『大丈夫……?』と。そうしたら志津、『アァ? 何見てんだっ!』ってすごみました。それまで彼らとはエレベーターで一緒になったときに世間話くらいはする仲だったんですが、このことがあってからは、会っても話さなくなりました」

就寝後も気を抜けない。

「僕がいびきをかくと、烈火のごとく怒って僕の鼻と口に手を押しつけて塞いできました。その恐怖心から、いびきをかき始めた瞬間に目が覚める体質に変わりましたよ」

夜の営みについても教えてくれた。

「同棲当初は週に1度くらいセックスをしていましたが、ベッドに入る直前に彼女が不機嫌を僕にぶつけてきたりすると、気持ちが挫《くじ》けてどうしても勃《た》たないんです。前戯で愛撫《あいぶ》されてもいっこうに勃たない。すると、やはり怒る。叱責するというより、これ見よがしの大きな溜め息をついて、ふて寝される。僕は『ごめんなさい』を連発しながら、自分がとても情けない人間だという事実に打ちのめされながら、眠りについていました」

あともうひとつ、と仲本さんは付け加えた。

「生理中の中出しセックスをたびたび強要されました。応じていましたが、あれには……参りましたね」

土日は彼女をずっと「見て」いる

仲本さんは志津さんの不機嫌を「過度の束縛」「被害妄想」「癇癪《かんしゃく》」の3つに大別した。まず「過度の束縛」。これは仲本さんが四六時中、どの瞬間も常に、志津さんのことを見ていなければならないことだという。一例として、週末の過ごし方を教えてくれた。

「土日はずっと家にいなければなりません。志津は13時頃まで寝ています。僕は遅くとも11時までには目が覚めてしまうから、それから2時間ほどはベッドの隣でじっとしている。勝手に起きて好きなことをやっていると怒るので、布団から出られないんです。

13時過ぎに起きると、志津はゆっくり昼食を作り始めます。彼女は週末の昼食をとても大事にしていて、スクランブルエッグやフレンチトーストやカリカリのベーコンなど、ホテル並みにすごいのを作ってくれるんですよ。僕はその間、勝手にテレビをつけたり携帯を見たりしてはいけないので、横目でキッチンの彼女を目視しながら、ソワソワしています」

テレビを……つけてはいけない？

「そういうルールが自然に固まったんです。彼女が家にいるとき、僕だけが勝手にテレビを見てはいけないし、携帯をチェックしたりメールを打ったりしてはいけない。彼女がいる前で電話に出てはいけない。彼女がいるときは彼女にずっと視線を送り、注視していなければならないんです。

週末、僕がひとりで外出するのは基本的に禁止。駅前までの買い物はＯＫですが、電車に乗って都心へ出かけたり、友人と会ったりするのは許してくれない。同棲して間もない頃、長い付き合いの友人女性が深刻な婦人科系の病気で入院したので、無理を言って土曜にお見舞いに行かせてもらったんですが、帰ってからネチネチ責められました。私をひとりにするなと」

ほとんど軟禁状態だ。

「遅い朝食を食べ終わると、散歩に出るか、スーパーに買い物に出るか。もちろんふたりで出かけます。家にいる場合は念入りな掃除か、ライフスタイル誌を読みながら今度行きたい店に付箋を貼ったりする。雨の日はよくモノポリーや何千ピースかのパズルをやりました。朝から晩まで、文字通り志津と常に一緒です」

ちなみに、仲本さんと志津さんが互いの友人を相手に引き合わせたことは一度もなかった。

「夜は、散歩ルートの途中にある成城石井《せいじょういしい》で買ったワインやナッツをつまみながら、彼女が借りてきたＤＶＤか彼女が録画したテレビ番組を観ます。僕に選択権はありません。毎週末、そんな感じでした」

被害妄想と癇癪

日曜日が終わるときの志津さんは、常に暗かったという。

「日曜の夕食が終わると志津の表情がだんだん暗くなってきて、しくしく泣き始めるか、僕に当たってきました。会社が嫌というわけではないんですが、休日が終わるときの気持ちの切り替えが、すごくストレスなんです。だから長期連休の最終日や正月休みの終盤は、ものすごく荒れました。連休が終わる2日くらい前から、目に見えて機嫌が悪くなってくるんですよ。だから僕、連休が近づくとすごく気が重くなりました」

土日の単独外出は禁止。常に志津さんと一緒。志津さんの求めで毎日の入浴も一緒。仲本さんが友人にメールを打てるのは、トイレで用を足しているときだけ。それ以外はずっと彼女を「見て」いなければならない。しかし、じっと見ていれば見ているで、志津さんの機嫌が悪化することもあった。

「一緒に食事をして僕が先に食べ終わったので彼女を見ていると、『何見てんの？　何が不満？』と突っかかられることが、しばしばありました。携帯を見ると怒るので、志津を見るしかないんですが……。こういう被害妄想が常日頃からすさまじかったです。

僕の体調が悪くて『頭が痛いから、ちょっと横になるね』と言うと、すぐさま『すみませんね、私のせいで頭痛くさせて！』と嫌みっぽく言ってくる。普通の口調で『映画の時間ギリギリだから急ごう』と言うと、『私のせいみたいな言い方しないで！』とイラつかれる。僕はそういう言い方なんてしてないし、志津を責める気もさらさらないんですが、何かにつけて僕が悪意をぶつけてくると抗議してきました」

志津さんは癇癪もひどかった。

「古新聞がうまく縛れないとハサミを床に投げつけるし、キッチンの引き出しの立てつけが悪いと『あーーー、もうーーー！』と言って引き出しを壊れるかと思うくらいガタガタさせる。海外製の家具を一緒に組み立てたときは最悪でした。ネジや金具がすごく固くて、寸法とかもわりといい加減だったんです。うまく組み立てられなくてふたりで苦戦してると、『もういいじゃん！　不良品だよ！　捨てよ捨てよ！』と怒鳴って、天板とドライバーをフローリングの床に投げつけ、床がえぐれました。

僕がトイレに入っているとき、志津が足の小指をどこかにぶつけたことがあるんですが、『痛ーーーいぃぃぃ、死ぬ、死ぬーーーっ』と叫びながらすごく苛立っていました。トイレを出て『大丈夫？』と声をかけると、泣きながらガチギレされましたよ。なんですぐ駆けつけてくれなかったのって。日々、そんなのばっかりです」

仲本さんが今でも後悔している言葉があるという。

「付き合いたての頃、毎日がつらくて苦しいと泣きじゃくる志津を軽い気持ちで励まそうと思い、『明けない夜はないよ。大丈夫』って言ったことがあるんです。すると志津は悲しそうに言いました。『あのね、夜がいつ明けるかわからないから困ってるの。今この瞬間が苦しいの。それが現実で、それが私のすべてなの。そんな気持ち……わかんないよね？』って。自分を恥じました」

そんな生活が1年半ほど続いたある日の夜、寝床についた志津さんは、大学時代の友人から結婚式の招待状が届いたことを仲本さんに報告がてら、イライラした口調でこう言った。

「ねえ、私たちいつ結婚するの？」

仲本さん33歳、志津さん28歳。仲本さんの本当の地獄は、ここからだった。

キチガイは一生独身ってこと⁉

「僕が『そうだね、そろそろ考えたいね』とぼんやりした返事をすると、志津は『キチガイは一生独身ってこと⁉』と泣いて怒りながら詰め寄ってきました。正直、彼女の情緒不安定で結婚を躊躇《ちゅうちょ》していた部分はありますが、もうちょっと頑張ろうという気持ちも半分以上はあったんです。彼女が病気だと知っていて支える決断をした以上、僕には責任がある。乗りかかった船です。なので、蚊の鳴くような声で『そんなことないよ……』と言いましたが、納得しない」

その間、志津さんはとめどなく涙を流しながら、延々と枕を叩いたり、投げつけたり、こねたりしていた。仲本さんが黙りこくっていると、志津さんがスッと立って自室に行き、いそいそと旅行カバンに着替えを詰め始めた。

「『何してるの？』と聞くと、『出ていく。ホテル行く！』。『そんなことやめなよ。話し合おう』と僕がまごまごしていると、『うるさいうるさいうるさい』と言って錯乱し、自分の頭をものすごい勢いで壁にゴンゴンぶつけて泣き叫び始めました。今まで聞いた中で一番激しい嗚《お》咽《えつ》です。怖くなった僕はとっさに志津を羽交い締めにして制止し、そのままハグする体勢になり、『わかった、結婚しよう』と言ってしまいました」

志津さんが結婚式を嫌がったので、婚姻届を出して記念写真を撮るだけにとどめ、フレンチレストランを予約してワインで乾杯した。

「結婚後はより一層、志津の束縛、被害妄想、癇癪がひどくなりました。家に帰れば泣いているか、怒っているかのどちらか。僕は自分の家に苦手意識を持つようになり、仕事が終わってもまっすぐ家に帰らず、ファミレスに寄って終電近くまで過ごすようになりました。ファミレスでは時間をつぶしがてら、たくさんの企画やアイデアを練りましたね。皮肉な話ですが、そのおかげで社内評価が上がり、大きな案件をいくつも任されるようになったんです」

とはいえ、家での地獄は続く。

親友からの結婚祝いが捨てられる

「高校時代からの親友3人と平日夜に飲む機会があり、サプライズで結婚祝いをもらいました。ペアのワイングラスと、僕が高校時代にすごく好きだった、あるTVアニメシリーズのDVDボックスです。すごく嬉《うれ》しかったので上機嫌で帰宅し、志津に『DVD、ちょっと観てみる?』と軽く提案しました。全話観るということではなく、プレゼントを開けたいから少しだけ再生してみたい、というニュアンスです」

すると、志津さんが急に不機嫌になった。

『観るわけないじゃん』と冷淡に言い捨てられました。僕は『あ、うん、全部観るってことじゃなくて、ちょっと観てみたいなって……』とあたふたしながら言うと、『アニメ？　オタクじゃん。何それ』」

その日はそれで終わった。しかし数週間後のこと。

「志津の希望でロボット掃除機のルンバを買ったんですが、床にものが置いてあると掃除効率が悪くなるので、今まで床置きしていたものをちゃんと収納しようという話になりました。でも、どの部屋のクローゼットも棚も既に満杯です。それで志津は、『この機会に、もう読まない本や使わない電化製品を処分しよう』と提案してきました。そこで彼女が目をつけたのが、テレビ台の引き出しにしまってあった例のＤＶＤボックスです。

志津は『場所取るから捨てようよ。観たいときにレンタルすればいいじゃない』と言ってきました。親友からのプレゼントなのでさすがに抵抗しましたが、恐ろしい形相でこちらを睨んできたので、諦めて捨てました」

仲本さんはこのときの気持ちを、「志津が怖かったから捨てたのではない」と力説した。

「志津は僕に不満をぶつけるとき、ただ怒るだけではなく、『なんて甲斐性《かいしょう》がないんだろう、本当にしょうもない男ね、あなたにはほとほと失望したわ』みたいな目をしてくるんです。そんな目をされて迫られると、志津の希望を拒否する自分がものすごく卑怯で、矮小《わいしょう》な人間なんじゃないかって思えてくる。これくらいの難題は飲み込んでこそ大人物だ、みたいなプライドを、巧妙にくすぐってくるんですよ」

それは、一種のマインドコントロールではないのか？

「そうかもしれません。不快感を僕にぶつけて泣き叫ぶ志津に対して、僕が不服なんかを垂れるのは人道的にありえない……って気持ちにさせられるんです。罪悪感を植えつけられる、というか」

ドロドロした白い液体

喧嘩というより、志津さんから仲本さんへの一方的な苛立ちが絶えない日々。特に激しいときは志津さんが自室にこもることもあった。

「へそを曲げた志津が、自室に客用布団を持ち込んでこもったこともありました。原因は、僕がプロジェクトの打ち上げで1泊の慰安旅行に行ったから。僕がプロジェクトリーダーだったので、さすがに行かないわけにいかず、志津を説き伏せて行くには行ったんですが、慰安旅行中ずっとメールが届き続けました。『楽しそうで何よりね、私はひとり寂しく夕飯です。勝手にどんちゃん騒ぎやってください』とかなんとか。

翌日の夕方に帰宅すると、家は電気もつけずに薄暗く、志津が自室に閉じこもっていました。ノックしても返事がない。何度もノックしたら『はぁ？　何？　寝てるんだけど！』とめちゃくちゃ怒っていて、出てこない」

どうしようもなくなった仲本さんは、自室で悶々《もんもん》としながら志津さんの機嫌が直るのを待った。すると……。

「当時住んでいたマンションは、僕と志津の自室を作りつけの大きな本棚が仕切りとして隔てている変わった構造の３ＬＤＫで、それぞれの部屋のドアがリビングにつながっていました。だから本棚から本を取り去ると僕と志津の部屋は筒抜けなんです。

僕が自室にいると、本棚の本が掻《か》き分けられる音がしました。なんだろうと思い、本棚越しにどうしたの？　と呼びかけると、本と本の隙間から、何かドロドロした白い液体が大量に流れ出してきたんです。小麦粉か片栗粉《かたくりこ》を溶いた液体だったと思いますが……、おぞましさで背筋が凍りました。今でもたまに、あのドロドロの滝は夢に出ます」

志津さんは依然として精神科に定期通院していたが、志津さん自身が〝屈辱的〟だと感じていた翻訳会社という職場環境が変わらない限り、改善の見込みはない。そう思った仲本さんは、志津さんに何度も休職や転職を勧めるが、取りつく島もなかった。

「会社を休んだら死ぬと言ってました。二度と復帰できなくなる。そういう人を私は知っていると。私を廃人にしたいの？　とすごまれました」

唯一の〝精神の自由〟は『倉庫番』

この頃になると、仲本さんが仕事中にも頻繁に志津さんから携帯メールが届き、即レスを求められた。大半は自分の仕事の愚痴と普段の仲本さんの行動のダメ出しである。

「勤めていた翻訳会社で担当変更があり、人間関係でストレスを溜めていたようです。僕への当たりも強くなりました。メールの着信があるたびに、次は何を要求されるんだろう、何をダメ出しされるんだろうと、動悸が止まらなかったです。朝から晩まで常に志津のメンタルケアをしなければならないので、気を抜ける瞬間がほとんどありませんでした」

日々をどのような心持ちで過ごしていたのか。

「いつやむかわからない猛吹雪の中、じっと黙って身を縮めているイメージです。妻からの暴言がマシンガンのように吐かれるたび、何度も意識が遠のくんですよ。このまま意識がプッツと途絶えたら楽なのにって、何度も思いました」

しかし仲本さんは、「一日の中で唯一、自分の魂が自由になれる時間」があった。深夜である。

「彼女が隣で眠ったのを見計らい、布団に潜って汗だくになりながら、携帯電話で『倉庫番』をやっていました。無音で、画面を極限まで暗くして」

『倉庫番』とは、シンプルだが非常に硬派なパズルゲームで、当時はガラケーのiアプリや

ＥＺアプリなどで提供されていた。アクションゲームではないので、頻繁にキー操作をしなくてよい。将棋のように、じっくり腰を据え、音をたてずにプレイできる。こっそりやるにはうってつけなのだ。

「布団の中で息を殺して『倉庫番』をやっている間、〝この指だけは自由だ〟って、たしかに思えたんです。ああ、僕は生きているって。ゲームごときに何をバカな、と思ってますよね？　でも、本当にそうだったんです」

バカなどとはとうてい思えなかった。仲本さんの口調があまりに真剣だったからだ。

いつか、生きて帰ってくる

「指が自由に動くということには、大きな意味があるんです。この苦しみを、この理不尽を、いざとなったらこの指で携帯に打ち込んで、文章にして、どこかに発信できる……かもしれない。いえ、発信する勇気なんてまるでなかったですが、発信できるかもしれないという可能性があるだけで、僕にとっては救いだった。毎日、寝る前の数十分間だけでも、自分は生きてるって感じられたんです」

反射的に「アウシュビッツ」という言葉が浮かんだ。人道に悖《もと》る最悪の歴史的悲劇が起こった場所の名を、たかだか家庭内不和の比喩として口にするなど、当然ながら不謹慎である。が、聞く者にそれほど強いイメージを抱かせるほど、仲本さんの言葉には重みと切実さがあった。

「当時はそんな程度のことでも希望だったんですよ。この苦しみを誰にも伝えられないまま、いずれ僕が消えていく。そんな絶望に比べたら、指だけでも動かせるのは遥《はる》かにマシだなって」

ここで仲本さんは、長瀬智也《ながせともや》と岡田准一《おかだじゅんいち》主演で2005年に放送された『タイガー&ドラゴン』というTVドラマの話を持ち出した。脚本は、2019年のNHK大河ドラマ『いだてん〜東京オリムピック噺《ばなし》〜』などで知られる宮藤官九郎《くどうかんくろう》。落語家一門の物語である。

「結婚前の志津と同棲中に見たドラマなんですが、妙に心に残っているシーンがあるんです。かなりうろ覚えなんですけどね。岡田演じる元噺家《はなしか》の竜二《りゅうじ》が、すごく危険な状況に自ら飛び込もうとする。そのとき、長瀬演じる噺家志望のヤクザ・虎児《とらじ》が制止するんですが、竜二はそんなこと意に介さない。あとでネタとして誰かに話すときにおもしろいじゃないですかって、むしろワクワクしてるんですよ」

ドラマ内での実際のセリフはこうだ。

虎児「バカ、お前怖くねえのか。相手ヤクザだぞ」

竜二「そりゃ怖いすよ、めちゃめちゃ怖いすよ。でもおもしろくないすか。俺、追い込まれたときとか、あとで誰かにしゃべること考えるんすよ。そうするとこう、まだ足りねえぞ。こんなもんじゃ笑い取れねえぞって。小虎《ことら》（注：虎児の高座名）さんだって、今の状況誰かにしゃべりたくないすか？　しゃべって笑い取りたくないすか？」

（『タイガー&ドラゴン』「三枚起請《さんまいきしょう》」の回）

僕は寝床で『倉庫番』をやりながら、毎晩のようにそのことを思っていました。過酷な吹雪の中で、それだけが唯一の希望だったんです。もし、いつか生きてこの窮地を脱出できることがあれば、この地獄をネタにして誰かにおもしろおかしく話せる。落語みたいに〝噺〟として昇華できる。このつらい経験は決して無駄じゃなかったと思えるって」

なんて強い人間なのだろう。しかし『倉庫番』と『タイガー&ドラゴン』だけで、仲本さんの地獄は埋められなかった。結婚して3年が過ぎる頃から、仲本さんはある特殊なポルノビデオにハマり出す。

真夜中の異常性欲

「何がきっかけだったかは、覚えていません。志津が寝静まってからベッドを抜け出して自室にこもり、ネットで拾ったポルノ動画を無音で再生して自慰をするのが習慣になりました」

しかも、そのジャンルは少し変わっている。当初は「女子高生イジメもの」「断髪や剃毛《ていもう》を伴うSMもの」「ハードなレイプもの」が中心だったそうだが、やがて性行為を伴わないハードなフェチビデオや写真に手が伸びていった。

「包帯フェチ、ギプスフェチ、ボンデージの拘束服、あとは……〝全タイ〟って知ってますか？」

全身タイツ。光沢のあるタイツを頭まですっぽり覆う状態を見たり体験したりすることで性的に興奮する、フェチズムの一分野である。

「女性の身体欠損の写真もたくさん集めました。海外サイトにはすごい写真が落ちてたんです」

「身体欠損で性的に興奮した」と、仲本さんははっきり言った。

人の性的嗜好《しこう》をとやかく言うつもりはない。ひとつ言えるのは、仲本さんが挙げたポルノの共通点は概《おおむ》ね、ある種の支配欲と嗜虐心《しぎゃくしん》を満たすものばかりだということだ。これは、志津さんに抑圧され続けた日々の反動なのだろうか。

「わかりません。こういうフェチジャンルの存在は20代の頃から知っていて、興味がなかったと言えば嘘になりますが、自慰に使ったことはそれまでに一度もなかったんです」

その言葉を信じるなら、結婚生活でなんらかのスイッチが入ったことになる。

「ハードなフェチものの動画はネットに落ちていないので、通販でDVDを買うんですけど、普通のAVよりはずっと高い。1万円以上するのはザラです。ただ、家のポストに届くと大変なことになるので、会社近くの郵便局留めにして、昼休みに取りに行っていました」

勃起テスト

真夜中の自慰が習慣化してしばらく経った、ある週末の昼下がり。仲本さんに危機が訪れる。

「志津が唐突に、『世の中には全身タイツっていうフェチの世界があるんだってね。前に『タモリ倶楽部《くらぶ》』で見たことあるんだけど、知ってる？』と言ってきました。心臓が飛び出そうなほど焦って……。しかも『タモリ倶楽部』のその回は僕も見たことがあったんです」

仲本さんが「へえ、そんなのあるんだ」としらばっくれると、志津さんは「守のパソコンで見てみようよ」と言い出し、仲本さんにパソコンを起動させた。絶体絶命の危機。画像フォルダには全身タイツを含むさまざまなフェチ画像が、ブックマークには各種アダルトサイトが保存されている。志津さんは仲本さんの背後からじっと画面を見つめ、目を離さない。そして言った。「〝全身タイツ〟で検索してみてよ」

何度も自慰に使った画像も出てきた。「何これ、意味わかんないわー」と悪態をつく志津さん。平静を装う仲本さん。しかし志津さんはとんでもない行動に出る。

「『守がそういう変なフェチで興奮しないかどうか、チェックする』と言い出して、僕を画面の前に座らせたまま、ズボンとパンツを脱げと命じてきたんです。僕は『何言ってんの〜（笑）』とおどけたふりをしましたが、拒否する空気でもなく、内心ドキドキしながら脱ぎました。勃起したら終わりです。

上はTシャツ、下は靴下をはいたまま性器丸出し。志津は次々と全身タイツの画像を検索して画面に表示し、画面から視線を外すなと僕に命じてきました。あまりにも屈辱的だし、異常です。怖いやら、情けないやら……。

でも幸いなことに、興奮より恐怖が勝って勃起はしませんでした。志津は勃起していない僕の性器を見て『フーン』と納得いかない顔をしていましたが」

〝狂人の嫁〟と一生蔑まれる

この時点で、仲本さんは同棲から数えて7年近くの月日を志津さんと過ごしている。子供はおらず、作る予定もなかった。離婚という発想はなかったのか。

「志津に自殺されるのが怖かったんです」

しかも仲本さんは結婚生活の地獄を、友人はおろか自分の両親にも一切相談しなかった。なぜか。

「志津に、私の病気のことは絶対に他言するなと厳命されていたからです。もし僕の両親や親族に知れたら、今後二度と法事や帰省で会うことができなくなる。狂人の嫁だと思われて、一生蔑まれるからと言われて。

無論、自分の両親や親族はそんなふうに思わないと否定しましたが、私の母親がそう言ってるんだと反論されました。志津が高校生のときに家を出た母親です。志津の結婚が決まったときに、『あんたの病気のことは絶対に誰にも言ってはいけない。恥だから』と言われたと。自分の娘にそんなひどいことを言うだろうかと疑いましたが、このときの志津はいつものように怒るでも泣くでもなく、ただただ悲しそうでした。だから、妻の意思を尊重して誰にも漏らさなかったんです」

なんと仲本さんは現在に至るも、自分の両親に志津さんの病気のことを言っていない。離婚の理由を説明していないのだ。

「妻の病気のことを誰かに話したのは、この取材を除けば、のちに僕がかかることになる心療内科の先生だけです」

心療内科の受診。それこそが、長く苦しい結婚生活に終止符を打つきっかけだった。

自傷行為を責められる

「仕事で関わったあるプロジェクトがものすごいトラブルに見舞われ、僕のキャリアに大きな傷がつきました。このままこの業界にいても、たぶんもう二度といい仕事は回されない。それくらいひどい巻き込み事故に遭ったんです。ああ、僕の人生終わった。残りは消化試合だと絶望しました」

ストレスで味覚が消え、頻繁な動悸に悩まされ、常に血の気が引いてるような状態が続いた。食欲がなくなって体重が5kgほど減り、髪の生え際がどんどん後退していった。しかし驚くべきことに、志津さんはそんな仲本さんを一切いたわらなかった。

「僕の体調不良は志津も察知していたんですが、『弱々しい姿を会社の部下に晒して憐《あわ》れまれたら、みっともない』と叱られました。さすがにひどいと思い、いや、本当につらいんだと志津の前で初めて弱音を吐いたら、拒絶されました。『私にそんなことを言われても困る。共倒れになるからやめてほしい。5つも年上なのに情けないと思わないの？』って」

ある週末、志津さんが休日出勤で仕事に出ている間、家にいた仲本さんは衝動に駆られ、もらい物のウイスキーをストレートで何杯もあおった。気分が悪くなってトイレで嘔吐《おうと》。その際、わざと頭を壁やタンクにぶつけて自分を傷つけた。頭には無数のこぶ、額は腫れて真っ赤。そのままトイレの床で何時間もうずくまっていると、志津さんが帰ってきた。

「姑息《こそく》な方法ですが、自傷行為を志津に見せつけることで、抗議しようという気持ちがありました。でも帰ってきた志津は、ウイスキーの瓶と僕を見て、溜め息をつきながら〝ほとほとウンザリ〟という顔をしてきたんです。『そんなことする人だったっけ？　なんなの、それ』と。僕は『ごめんなさい……』と、トイレの床に額をこすりつけて謝りました。

いたわってくれなんて、今さら求めません。ただ一言、大丈夫？　とだけ言ってほしかったんです。ただ何か優しい一言が欲しかった。それだけなんです……」

仲本さんは言葉をつまらせた。

妻が心の病気だから離婚したんじゃない

「もう限界だと感じたので、近所の心療内科を電話予約して診察してもらいました。心療内科なんて生まれて初めてです。先生はすごくいい人で、焦らずゆっくり話してくれていいですよ、と。丁寧な相槌《あいづち》だけを打って、僕の結婚生活の苦しみを、最初から最後まで聞いてくれました。そして『明らかに異常だと思います。よくここまで頑張りましたね』と。どっと涙があふれました」

抗うつ剤を処方してもらった仲本さんは、すぐに薬を飲むため近くのデニーズに駆け込んだ。

「胃が弱っていたので、石窯ブールという小さなパンをひとつだけ注文しました。頬張ったら久しぶりに味がしたんです。ものすごく美味《おい》しくて……。同じものをさらに2つ追加注文して、ありったけ口に詰め込みました。ああ、味がする、味がするって。内臓に染み込んでいく気がしました」

通院と投薬によって少しだけ冷静に物事を考えられるようになった仲本さんは、いっそ会社を辞め、まったく違う業種に転職する可能性を志津さんに伝えるが……。

「やんわり『今より収入が下がるのは困る』と言われ、『転職先の仕事がもし合わなくても、私に当たるのは絶対にやめて』と釘《くぎ》を刺されました。応援とか激励の言葉なんて一言もありません。悲しくなりました。

その日の夜中、ベッドで何日か前の志津の言葉を思い出しました。『私にそんなことを言われても困る。共倒れになるからやめてほしい』。ああ、この人は〝病人の僕〟を捨てたんだな。僕は同棲期間を含めて7年間も〝病人の妻〟をケアし続けたのに、この人はケアなんて一切してくれないんだ。そこで悟ったんです。最初から圧倒的に不公平な結婚だったんだと」

仲本さんは少し間を置いて、言い直した。

「僕は志津が心の病気だから離婚したんじゃありません。僕が心の病気になっても救ってくれなかったから、離婚したんです」

「あなたの大切なものは全部奪う」

離婚の話し合いは壮絶を極めた。わめき、叫び、怒鳴り散らす志津さん。彼女の恨み節を、仲本さんは再現する。

「あなただけが傷つかないのは癪《しゃく》だから、あなたも傷ついてほしい。仕事を今すぐ辞めて困窮しろ。あるいは、罰としてあなたの能力をまったく生かせない、かつ給与の低い仕事に転職して、慰謝料を500万払え。そう言われました。理由を問うと、離婚すれば私の人生はめちゃくちゃになり、私の情緒はさらに悪化して、きっと会社を辞める羽目になる。あなただけのうのうと働き続けるのは不公平だから、と」

すさまじい言い分である。

「あなたが仕事で成功するのは許せない。絶対に阻止すると、睨みつけながら言われました」

しかも志津さんは、仲本さんの離婚後の人生にまで口を出してきた。

「再婚は絶対に許さない。もし再婚したら、その相手を必ず見つけ出して、あることないことあなたの悪行を送りつける。あなたには絶対にわからない方法で。あなたの大切なものは全部奪う」

完全に脅迫である。激昂した志津さんはさらに続けた。

「あなたはきっと、心の病んでない普通の奥さんと結婚する。朗らかで美人な奥さんと。どうせすぐに相手が見つかるし、すぐに再婚する。それが許せない。あなただけが幸せになるのが絶対に許せない。だから傷ついてほしい。今すぐに、今ここで‼　早く‼　そうヒステリックに急《せ》き立てました。

すごく怖かったし、すごく腹が立ちました。気が遠くなって倒れそうになりました。でも、ここで倒れるわけにはいかない。生き残るんだ、生き残るんだと、自分に言い聞かせました」

正攻法で立ち向かっては埒《らち》が明かない。そう踏んだ仲本さんは最終手段に出る。詐病《さびょう》を装ったのだ。

「志津に強く詰められたとき、まともに答えるのではなく、『強いストレスで混乱し、ろれつが回らず要領をえない病人』を演じることにしました。いや、半分くらいは本当にそういう状態だったので、完全な嘘ではありません。同情を誘ってもどうせ無駄だと思ったので、『話す価値のない、呆《ほう》けた抜け殻』に見えるよう、頑張って芝居しました。ずるい手を使ったと思います……」

志津さんはそんな仲本さんの様子を見て「詰めても無駄」と感じたのか、当たりが徐々に弱くなった。離婚の話し合いは少しずつ進展し、その途上で志津さんは家を出ていくが、仲本さんに対する執拗《しつよう》な精神攻撃は続いた。

「罵倒メールと反省・謝罪めいたメールが交互に届くんです。『もっと苦しんでほしい』『私の人生を返せ』といった攻撃の2、3日後には、『私のような人間が誰かと結婚したのが間違いだった』『巻き添えにしてしまってごめんなさい』などと謝ってくる。これが何週間も繰り返されました。あとになって、その時期の志津が、以前結婚パーティーに招待してくれた友人夫婦に対して、『守（仲本さん）が会社のストレスでおかしくなって私を口撃してくるので、やむをえず離婚する』と伝えていたことがわかりました」

やがて離婚が成立。トータル8年以上にもわたる仲本さんの地獄が、ようやく終わった。今から8年ほど前のことだ。

苦しむことは何かを成し遂げること

仲本さんは3年前に再婚。子供はいない。今は幸せですかと聞くと、意外にも「うーん」と言いながら、少し遠い目をした。

「今の奥さんは、気立てはいいけど〝からっぽ〟の人です。うん、幸せですよ。だけど僕、志津と結婚していた頃のほうが、今よりずっといい仕事をしてたと思うんです。あの地獄には二度と戻りたくないけど、あのときのほうが僕の頭は確実に冴《さ》えていました。いい企画をいくつも立てたし、大きなイベントをいくつも仕切った。今は転職してイベントとは無関係の仕事をしていますが、正直、人生の第一線から退いた気分ですよ。あの頃のことは、すべて夢のように思えます」

あの頃の自分が本当の自分だった、ということなのか。

「あのとき、懸命に生きていた自分はもう戻ってこない。あのときの自分が本当の自分で今が抜け殻なのか、今が本来の自分なのかは、よくわかりません。今はぬるま湯の幸せなのかもしれない。なんだったら、人は苦しみ尽くすことで初めて何かを成し遂げられる。アウシュビッツ収容所を生き抜いた医者が書いた『夜と霧』に、そんな感じの一節があったと記憶しています」

取材が終わり、翌日、仲本さんからメッセージが届いた。

「志津と結婚パーティーに行ったときの写真が出てきたので送ります。15年くらい前ですが、当時の僕、今と違って痩せてたし、精悍《せいかん》でしたね。結構いい顔してるでしょ」

写真には、仲本さんと出会った当初に比べてやや肉付きと顔色が良くなった志津さんと、対照的に青白く幽霊のように痩せ細った仲本さんが写っていた。意外だが、志津さんは温かみのある穏やかな表情を浮かべている。それに対し、仲本さんは睨みつけるような鋭い眼光でこちらを見つめている。

一瞬、どちらが心を病んでいるのか、わからなくなった。

第2章

やがて悲しき文化系

Case #04

山野辺武志

色褪せる花束

理想的な文化系カップル

カルチャー系の署名記事やインタビューなどを多く手掛けるフリーライターの山野辺武志《やまのべたけし》さん（36歳）は5年前、31歳のときに離婚した。当時、結婚7年目。子供はいない。

「妻の美代《みよ》は、僕が新卒で入社した大手印刷会社の同期でした。早稲田《わせだ》大学卒、いわゆるワセジョ。写真展や美術展めぐりが趣味で、広告デザインやミニシアター映画や純文学にも通じている、筋金入りの文化系女子です」

山野辺さんもいわゆる文化系男子だが、方向性が違うという。

「僕はもっと泥臭いというか……。現代美術や文学も一応カバーはしていましたが、軸足はもっとサブカル寄り。映画もどちらかといえばエンタメ寄りで、アニメや漫画の評論を読み漁ったり、若手思想家や論客をフォローしたり。そんな感じです」

人当たりがよく、穏やかで礼儀正しいメガネ男子。華奢《きゃしゃ》で小綺麗《こぎれい》で優しそう。それが山野辺さんの第一印象だ。「のび太《た》の最上級グレード」と言えば伝わるだろうか。

「本当は出版社に行きたかったんですけど、就活ではどこもダメで。仕方なく紙の出版物に関われそうな印刷会社に入社したんです。美代も同じでした」

「編集者になりたかったが、なれなかった」ふたりは同じ部署に配属され、すぐに意気投合。交際が始まった。写真展や美術展を回ってカフェで感想を言い合ったり、お互いに気に入った映画や小説を教え合ったり。そんな日々が続いた。

2年あまり交際し、結婚。ふたりはまだ若く25歳。理想的な文化系カップルだ。なのに、なぜ離婚してしまったのか。

「僕の底の浅さがバレたんです」

手応えのない対話相手

山野辺さんの会社では、職場結婚した夫婦が同じ部署の場合、どちらかが異動になるのが慣例だった。辞令を受けたのは山野辺さん。しかし異動先が不本意だった彼はそれを機に退職し、一念発起してライター活動をスタートさせる。

「実は在職中から、批評系のトークイベントやライターのワークショップに通いつめていました。そうしてこつこつコネクションを広げながら、副業でライター業をやっていたんです」

人当たりのよさも手伝い、独立後も仕事は順調に舞い込む。しかし結婚生活には早くも綻びが見え始めていた。美代さんが山野辺さんとの会話の際、明らかにつまらなそうな顔をするようになったのだ。

「たとえば、美代から著名な写真家の作品を見せられて感想を求められるんですけど、僕の感想が、彼女の求める水準に達していないんです」

水準とは？

「批評的なコメントができない、というのかな。突っ込んだディスカッションに発展しない。美代はそれが不満そうでした」

写真のみならず、現代美術や映画、文学の話でも同じ。しかし、なぜ結婚前はそうならなかったのか。

「僕の軸足はサブカルですが、写真や美術や文学にまったく疎いということではないんです。美代が話題にする作者名や作品名がわかる程度には、中途半端に知っている。それで一通りの会話の受け答えはできるので、結婚前は問題になりませんでした。でも彼女は次第に、より高度な批評的対話を求めてくるようになりました。簡単な所感程度を口にしても満足してくれない」

それが「底の浅さがバレた」の意味だ。

「彼女にとって僕は明らかに、『手応えのない対話相手』になっていきました」

当然、美術展に行ったあとのカフェでも、感想戦は盛り上がらない。

「沈黙を恐れた僕は、会話が停滞すると、やたら『今日の夕飯どうする？』『スーパーで何を買って帰ろうか？』などと言うようになりました。結婚後、週末の食事担当は僕だったので」

週末にふたりで外出する頻度は目に見えて減り、別行動が多くなった。たまにふたりで出かけてもカフェには寄らず、自宅に直帰。しかも帰り道で会話はなく、美代さんはずっとスマホを操作していた。

「ああ、見限られたなって思いました」

やがてセックスレスになった。

「あまりに営みの間隔が空いてしまってヤバいと思ったので、あるとき思い切って声をかけてみたんですが、きっぱり拒否されました。今日したくないのか、当面したくないのかどっち？　って聞いたら、『当面』と」

妻を尾行する

セックスレスになって数年が経った、ある土曜日。この日も別行動で、各々《おのおの》別の美術展に行く日だった。山野辺さんが展示を見終えた頃、スマホに美代さんからのＬＩＮＥメッセージが届く。

「ミュージアムショップで待ってるね」

朝、美代さんはひとりで行くと言って家を出た。これは誤爆の香りがする。怪しんだ山野辺さんだったが、帰宅後、平静を装って美代さんに聞いてみた。すると、展示会場でたまたま学生時代の先輩に会ったので一緒に見ていたという説明。

「その先輩の名前も教えてくれたので、念のためTwitterで検索したら、その人、何カ月も前に地方に移住していました（笑）」

当然ながら、山野辺さんは美代さんの浮気を疑った。やがて運命の日が訪れる。

「ある日曜の夜に突然、『明日、職場の同僚数人と夜桜を見たあとカラオケボックスでパーティーをするから、帰りが遅くなる』と言われたんです。でも、おかしいじゃないですか。普通、職場の花見とかパーティーなんて何日も前に計画するものでしょう」

山野辺さんは、美代さんの会社の向かいにあるビルのロビーに夕方から張り込んだ。美代さんの会社とはつまり、山野辺さんが以前までいた印刷会社。それゆえ、終業時間が何時で社員がどの出口から出てくるのかを把握していた。

ところが、美代さんと一緒にビルを出てきたのは、大柄で髪をゆわえた男性がひとりだけ。

「でも、他の同僚とは現地集合の可能性もあります。そこで尾行しました」

美代さんとその男性は地下鉄の駅へ。数駅乗って降りたのは「新宿《しんじゅく》三丁目」駅。

「地上に出た美代とその男はゴールデン街を抜けて、歌舞伎町のラブホテル街に消えていきました」

その日の美代さんはタクシー帰り。山野辺さんが「カラオケどうだった？」と聞いても、「うん、楽しかった」程度の返答で、具体的な話は何も出てこなかった。

生活の垢《あか》

ただ、山野辺さんはその場で美代さんを詰めなかった。

「美代を問い詰める前に、証拠を固めようと思ったんです」

山野辺さんは美代さんのスマホに目をつけた。

「彼女のスマホは指の動きで画面ロックを解除するタイプ。実は数週間前に彼女の指の動きを間近で見て、覚えていたんです」

数日後、美代さんが風呂に入っている間に、山野辺さんは美代さんのスマホの画面ロックを解除。すると、カラオケ翌日のＬＩＮＥのやり取りの中に、「旦那、気づいたんじゃないの？」というメッセージを発見する。しかも、それを送ってきた人物は山野辺さんも知っている印刷会社の社員だった。

「アウトだなと思い、ストレートに『あの日、ホテル行ったよね？』と問い詰めたら、あっさり認めました」

実は当時、山野辺さんと美代さんは、美代さんの母親名義の土地に一戸建てを建てたばかりだった。

「建物のローンも34年残ってました（笑）。なのに、なんで浮気なんて？　と聞いたら、『家を建てれば変わると思った』『いつかはちゃんとしなきゃと思ってた』。まったく意味がわかりません」

離婚手続きはつつがなく進んだ。

「あとでわかったんですが、美代の不倫相手は印刷会社に出入りしているデザイナーでした。サイトに出ていた彼のプロフィールによれば、仕事実績はかなり輝かしくて、何かの広告賞も取っている。事務所もすごくおしゃれでした」

山野辺さんは自嘲気味に言った。

「写真にしろ、美術にしろ、デザインにしろ、僕なんかよりずっと手応えのある対話相手だったと思います」

財産分与について話し合う席で、美代さんは山野辺さんに言った。

「正直、君は生活の垢にまみれてたよね。私は帰りにスーパーで何を買うかより、今さっき見た美術展の話をもっとしたかったんだ」

「その仕事って、未来に残るの？」

この離婚を避ける術《すべ》はあったのだろうか？　そう振ってみると、山野辺さんは表情を曇らせた。

「僕、結婚して2年目くらいの頃に、ある媒体のお笑い特集記事の制作を編集ごと請けたんです。僕自身、90年代以降のお笑い文化にはどっぷりでしたし、知っている芸人さんにもインタビューできるというので、張り切りました。ただ、まだフリーライターの経験が浅かったので勝手がわからず、徹夜が続いて僕が分担すべき家事が滞ってしまったんです」

ちょうど美代さんも仕事が忙しい時期で、家庭内は険悪になった。

「僕は苛立つ美代に謝罪しながら、でも大事な仕事だから、なんとか頑張りたいんだと言いました」

すると美代さんは、信じられないことを口にした。

「その仕事って、未来に残るの？」

山野辺さんは啞然《あぜん》とした。

「驚き、腹が立ち、悲しくなりました」

美代さんは交際中から一貫して、写真や美術や演劇や純文学の話には乗ってくるものの、お笑いやアニメやサブカル評論の話にはまったく乗ってこなかった。山野辺さんもそれはわかっていたが……。

「僕のフィールドに興味がないことは別に構わないんです。じゃなくて、僕はそこではっきり理解したんですよ。この人は〝サブカル〟に興味がないだけでなく、はっきり〝下〟に見ているんだなって」

ですから、と山野辺さんは溜め息交じりに続けた。

「離婚を回避できたかというご質問の答えは、結婚2年目にもう壊れていた、です」

どこに出しても恥ずかしくない存在

「サブカルと言えば……」と、山野辺さんは少し前に観たという映画『花束みたいな恋をした』（主演：菅田将暉《すだまさき》、有村架純《ありむらかすみ》）の話を始めた。サブカル趣味で意気投合したカップルが、見るも無残に破綻していく物語だ。

「当初、あのふたりは〝運命の相手〟同士として盛り上がっていたけど、次第にダメになって、結局ふたりともすごく無難な、文化的素養のまるでなさそうな相手と付き合うじゃないですか。あれ、すごくリアルだと思ったんですよ。ああ、そっちのほうが楽だってことに気づいたんだよねって。恋人と批評的対話なんてしなくていいし、ましてや夫婦にはまったく必要ないなって。こういうのを堕落って言うんでしょうね（笑）」

美代さんが変名でやっているというインスタを見せてもらった。スイーツや猫やウェイ的な写真は一切ない。インテリジェンスあふれる建築物、構図がしっかり取れた風景、端正にデザインされた雑貨や食器などのサムネイルが、統一感のある色合いで整然と並んでいる。「隙がないというか、どこに出しても恥ずかしくないって感じですね」と感想を述べると、それを受けて山野辺さんは言った。

「僕は最後まで、美代にとって、どこに出しても恥ずかしくないパートナーにはなれなかったんだと思います。このインスタ、まるで写真展の図録みたいじゃないですか？　サブカルクソ野郎の入り込む余地なんて、１㎜もないんですよ」

Case #05

上級国民の余裕

遠山英介

超ハイスペ妻

東京のＴＶ局に勤める遠山英介《とおやまえいすけ》さん（45歳）が４つ年下の奈津《なつ》さんと結婚したのは、２０１１年のこと。当時、遠山さんは34歳、奈津さんは30歳。交際３年、同棲を経ての結婚だった。

取材場所に指定された都内のビストロにやってきた遠山さんは、45歳とは思えないほど若々しい見た目。若作りというよりは、本当に若い。髪は黒々としたツーブロック、体型はスレンダーで贅肉《ぜいにく》のかけらもない。服も垢抜けている。30歳だと言っても通りそうだ。

遠山さんいわく、奈津さんは超ハイスペ女性だった。

「奈津は某大学の某学部卒なんですが、そこは国内有数の入試難易度が高い学部です。卒業後は某大企業の総合職に就き、その功績から社内で何度も表彰されていました。知識が豊富というだけでなく、とにかく地頭がいい」

遠山さんは遠山さんで、カルチャー全般にわたりオールレンジで博識だ（離婚話に入る前の1時間ほどの雑談で、それがよくわかった）。新しいものに対するアンテナ感度、いい意味でのミーハー気質、とどまるところを知らない知的好奇心が、まるで思春期の若者のように瑞々《みずみず》しい。TVマンらしく弁が立ち、言葉数も多い。その遠山さんが言う。

「昔から、頭がいい人のことを単純に素敵だなと思うんです。奈津はそのうえで話も合うし、会話が刺激的でスリリング。僕の知らないことをたくさん教えてくれました。業界は違うけど共通言語が多かったので、仕事の話もしやすかったです」

なのに、なぜ離婚してしまったのか。

「頭が良すぎたんです」

メモを取れ

奈津さんは遠山さんが「覚えていない」ことに異常に腹を立てる人だった。

「何年も前にふたりで行った旅行の話になったとき、行き道のサービスエリアで何を食べたかを僕が覚えていないだけで、奈津は超キレました。なんで覚えてないのよって責め立てるんです。そんな昔のこと覚えてないって言うと、『じゃあ、メモしてよ』って」

当の奈津さんは、驚異的な記憶力の持ち主だった。異業種交流会で一度名刺交換しただけの人と数年ぶりに再会しても、顔を一瞥《いちべつ》しただけで会社名と名前がさっと出てくる。一度だけ読んだ小説のセリフや一度だけ観た映画のワンシーンも正確に暗唱できる。当然ながら、遠山さんの過去の発言も一言一句、正確無比に記憶していた。

「ほとんど『レインマン』のダスティン・ホフマンです。彼女のそういう部分は素直にすごいと思うんですけど、自分と同じレベルの記憶力を僕にも求めてくるのは、本当に勘弁してほしかった」

遠山さんに対して「もっと考えて」と言うのが、奈津さんの口癖だった。

「ふたりで決めることってあるじゃないですか。どの家具を買おうとか、夏休みにどこへ行こうとか、クリスマスにレストランはどこを予約しようとか。こういうのは独断で決めるものじゃないから、僕はまず奈津におうかがいを立てるんですけど、それで毎回怒る。『なぜあなたは自分で考えないの?』って。まず自分で具体的なプランを策定したうえで意見を仰ぎなさい、と」

まるで部下に対する上司の指導だ。

私を察しろ、最適化しろ

「彼女の機嫌が悪いときに『どうしたの?』って聞くと、それも怒られます。『もっと人の気持ちを想像して』と。それがわからないから言葉で言ってほしいんだと言うと、『もっと察して』『私を探って』。いやいや、ブルース・リーの〝Don't think. Feel!（考えるな、感じろ）〟じゃないんだから（笑）」

　奈津さんは、そう言うだけあって「察し力」もすごかった。遠山さんが直接的に口に出さないモヤモヤした気分も、仕草や言葉尻といった最小のヒントで全部言い当ててくる。

「女性は男性に比べてそういう能力に長《た》けていると聞いたことがありますが、長けてるなんてもんじゃない。ほとんどエスパーです」

　奈津さんは、自分と同じだけの「察し力」を遠山さんにも求めた。

「『なんで私が悪夢にうなされるのか、考えて』と言われたことがあります。私がいま抱えているストレスはあなたのせいだ、とでも言いたかったんでしょうが、それにしてもねえ。僕、（『スター・ウォーズ』の）ジェダイじゃないし（笑）」

　奈津さんはまた、遠山さんに高い業務遂行能力を求めてきた。夫婦でアメリカ横断旅行をしたときのこと。

「現地で車を手配して代わりばんこに運転する、３週間ほどの旅でした。その途中、僕が急遽《きゅうきょ》とある街に寄りたくなったので、奈津の了解を得て向かいました。ただ到着したはいいんですが、その日がたまたま街を挙げた何かのイベントの開催日で、普通のモーテルでも宿泊費が数百ドルもすることが判明したんです。それで奈津にどうしようか相談しました。おとなしく払うか、他に安いところを探すか、値段交渉するか、今から別の町に移動するか」

しかし奈津さんからは、冷たい返事が返ってきた。

「このプロジェクトはあなたが責任者だよね？　だったら、いま直面してる問題はあなたが収束させなさい――と言われました。デートでも旅行でも、なんでもそうなんです。あらゆる事態をシミュレーションして最適化する方法を見つけなさい、と」

常人が察知しないノイズを察知する

遠山さんに手厳しくダメ出しをする奈津さん。そんなに気に入らないなら単独で行動すればよさそうなものだが、そうはならなかった。

「僕、休日は結構出不精で、家で映画なんかをのんびり観ていたいタイプなんですけど、奈津はとにかく出かけたい人。僕は拘束しないから勝手に出かけてくれて構わないよと言うと激怒しました。『それじゃあ、ふたりで暮らしてる意味がないじゃない！』って」

結婚した以上、ふたりで行動したい。しかしそうすればするほど、遠山さんの能力が「水準に達していない」ことに苛立ってしまう。奈津さんはどんどんストレスを溜めていった。

「完璧に最適化された自分の行動パターンが、僕のせいで崩れるのが不快で仕方なかったんだと思います」

奈津さんの感情の動きが理解できないこともあった。

「ものすごくいろいろなことを考えて生きているので、普通の人が気づかない、ちょっとしたノイズもすくい取ってしまうんです。補聴器の感度が高すぎて、遠くの微《かす》かな雑音まで拾ってしまうような。以前、海外旅行先で外食したあと、ふたりで海岸沿いをブラブラ歩いてたんですが、奈津が突然押し黙ったと思ったら突然キレて、僕は平手打ちを食らいました。いまだにどうして怒ったのかわかりません。僕にはとうてい理解できない複雑な回路が頭の中にあるんでしょう」

そもそも、結婚を申し出たのは奈津さんだったという。だが、そこまで頭が良く考えの回る奈津さんであれば、結婚後の衝突など容易に想像できたのではないか？

「そこは……謎です。僕もなんとなく結婚を承諾して、深くは考えませんでした。いま思えば、すべてが〝なあなあ〟だった、としか」

結婚から3年後の2014年に離婚。最後の1年間、夫婦の間に会話は一切なかった。

ざっくり言えば、夫婦の性格の不一致。ありふれた離婚事由である。が、遠山さんの話が興味深いのは、ここからだった。

遠山さんは離婚の数年後に再婚したが、再婚相手は大手商社勤めのキャリアウーマン。遠山さんいわく「奈津と同じ系統の、超ハイスペ女性」だそうだ。

「僕は常に刺激を求めてるんだと思います。新しい知識、新しい価値観、新しい世界。いつも何かを知りたくて仕方がない。知的でスリリングな会話をしたい。だから、今の妻からも怒られるしキレられますが、僕が欲しいものを得るためには仕方のないトレードオフかなって」

驚くべきチャレンジ精神、驚くべきバイタリティ。見た目だけでなく、心も若い。

「僕、精神的に余裕があるんだと思います。だからチャレンジできる」

なぜ、そんなにも精神的余裕があるのか？

「ある程度は、経済的な余裕から来ていると思います」

遠山さんの年収は、結婚時点で千数百万円。奈津さんも同じくらいだったので、子供なし、世帯年収二千数百万円のパワーカップルだった。今のパートナーともその水準をキープしているという。経済的余裕がもたらす精神的余裕、金持ち喧嘩せず。思わず「上級国民……」と言いかけると、遠山さんはすかさず遮った。

「僕程度で上級国民だなんて言われてしまうこの国、ちょっと夢がなさすぎますよね」

路地裏のモツ煮込み屋

店に入って3時間。ワインで舌の滑りがよくなった遠山さんは、雑談がてらこんな話を始めた。

「僕、いわゆる『せんべろ』、とか、安い飲み屋に行くのが趣味なんですけどね。こないだ、とある街の路地裏にあるモツ煮込み屋で〝感動〟したんです。隣に若いカップルが座って会話が聞こえてきたんですが……」

好奇心旺盛のキラキラした目で、楽しそうに話す遠山さん。

「男性はもともと自営業だったけどうまくいかなくて、少し前にサラリーマンになったみたいでした。女性が『会社どう？』って聞いたら、男性が自信満々に『ボーナスがあるんだよ！』って答えたんです」

興奮気味に続ける。

「そのときに初めて、こんなにも違う世界があるんだって思いました。ボーナスがあるなんて当たり前じゃないですか。なのに『ボーナスがある』ことに感動する人間がこの世に存在するというのが、すごいと思って。これは発見でした」

驚いた。遠山さんに、である。「ボーナスがある」のは今のご時世、決して「当たり前」ではない。

「東京都の年収中央値が、５７０万とかでしたっけ。正直こっちは世帯年収２０００万だから、そういう人たちと接点を持ったり、交流をする機会はまったくない。だからモツ煮込み屋みたいな世界の話って、ほんと新鮮で」

奈津さんが何に怒っていたのか、少しだけわかった気がした。

第3章

人の子にして人の親

Case #06

わが子を、わが手に

谷口和成

「ベチョベチョして気持ち悪い」

大手電機メーカーに勤める谷口和成《たにぐちかずなり》さん（48歳）と、都心のカフェで待ち合わせたのは、平日の夜。現れた谷口さんは、カジュアルなサーフ系ファッションに身を包んでいた。ついさっきまで、公園の芝生で子供たちとフリスビーでもしてきたかのような、爽やかな出《い》で立ち。リモートワーク中で自宅から直接来たという。

谷口さんがひとつ年上の明子《あきこ》さんと結婚したのは20年前、谷口さんが28歳、明子さんが29歳のときだ。当時の明子さんは、大手金融機関に勤めるキャリアウーマンだった。

出会いは合コン。明るく社交的、くっきりした顔立ちの美人で、自分の意見をはっきりと言う明子さんに、谷口さんは心を奪われた。2年半にわたる交際ののち、結婚。まだ20代だった谷口さんに結婚する気は皆無だったが、明子さんに「30歳までに結婚したい。結婚してくれなければ別れる」と言われ、半ば押し切られた。

谷口さんは、結婚当初から子供が欲しかった。

「昔から結婚願望はあまりなかったけど、すごく子供を育てたかったんです。自分のコピーを作りたいとか、谷口家のＤＮＡを存続させたいとか、そういうことじゃなくて。僕、電車の中で走り回ってる、見知らぬ他人の子供でもすごく愛《いと》しいと思うんです。次世代に自分の経験や知識を伝えたい欲、とでも言うのかな」

しかし当時の明子さんは仕事が乗りに乗っていて、子作りに前向きではなかったため、谷口さんは待った。そして結婚生活が４年ほど経過した頃、明子さんが関わっていた大きなプロジェクトが終わる。谷口さんはいい機会とばかりに、旅行先のホテルで子作りを迫ったが……。

「ゴムをつけないで迫ると、『つけて』と言われました。理由を聞いたら、『ベチョベチョして気持ち悪いから』と。僕、そんなにナイーブではない人間なんですけど、そのときはさすがに凹《へこ》みました」

これをきっかけに、ふたりはセックスレスとなる。とはいえ、明子さんは「絶対に子供が欲しくない」と言っていたわけではない。子作りに関して、ふたりの考え方がずれていたと谷口さんは振り返る。

「僕は確実に子供が欲しかったので、計画的に子作りをしたかったんですが、明子はそういうシステマチックなやり方が嫌だったようです。セックスレスになって数年後、明子は当時話題になった厚生労働大臣の発言を引っ張って『計画的に仕込むなんて嫌だ。私は子を産む機械じゃない。欲しいんだったら毎日すればいい』と言っていました」

しかし毎日も何も、最初に子作りを拒んできたのは明子さんのほうではないか。だが谷口さんは、明子さんを責める気にはなれなかったという。セックスレスを解消するためになんの手も打てない自分の腑甲斐《ふがい》なさに、罪悪感を抱いていたからだ。

妻が妻子持ちのプロデューサーと浮気

セックスレスになってからの谷口さんと明子さんは、マンションのそれぞれの自室で別々に寝ていた。結婚8年目のこと。深夜3時頃、明子さんが玄関のドアをそっと開ける音で、谷口さんは目が覚める。

「いつもは明子が遅くまで飲んで帰ってきても、僕が目を覚ますことはないんです。なのに、その日に限って、なぜか……」

谷口さんはそのとき、結婚して以来初めて、明子さんの携帯電話を見たいという衝動に駆られた。なぜそんなことを突然思ったのか、今でも理由はわからないという。

明子さんが寝静まったのを見計らって部屋に入り、携帯を手に取った谷口さん。当時の携帯はガラケー。パスワードロックがかかっていたが、「0000」と打ち込んだところ、なんと解除できてしまう。

「大量の浮気メールを発見しました。相手は僕も明子から紹介されたことがある、某TV局のプロデューサーA夫。妻子持ちです。別の友人から、彼の局内での悪い噂は聞いていたんですが、よりにもよって、こいつかよ、と」

谷口さんは後日、明子さんが入浴中に彼女の携帯にマイクロSDカードを挿入し、データをパソコンにコピー。過去1年ほどの浮気メールの文面を、エクセルにひとつずつコピペしていった。動かぬ証拠を確保するためだ。しかし谷口さんはこの時点でも、明子さんに申し訳なさを感じていたという。セックスレスを放置していた「責任」である。

ガラケーの「送信ランキング」でバレる

谷口さんは明子さんを罰するのではなく、浮気相手と引き離そうと考えた。携帯メールを見たことは伏せ、明子さんにカマをかけたのだ。「A夫さんと、なんかあるの？」。当然ながら明子さんは「根も葉もない」と逆上、頑として認めない。

そこで谷口さんは、明子さんにこう言った。「じゃあ僕から彼に直接連絡を取るけど、それまで君は彼に連絡しないでほしい」。明子さんは承諾した。

谷口さんは翌日A夫に電話し、疑惑について白黒つけるために一度会いたいと提案。するとA夫は取り乱すでもなく、「明子さんとはただの友達なので、構いませんよ」。そこで谷口さんは、電話を切ったあと明子さんに携帯を見せてほしいと言った。

「明子はぶつくさ言いながらも携帯を差し出しました。目の前でメールボックスを開けると、A夫とメールした形跡はない。予想通りです。ところが、当時の彼女のガラケーには、頻繁にメール送信した相手が表示される『送信ランキング』という表示機能がついていました。これは送信メール自体を消しても残っているばかりか、上位5人については、直近の送信日時まで確認できてしまう」

案の定、谷口さんが「A夫に連絡しないでほしい」と言ったその日に、明子さんからA夫へのメールが送信されていた。送信後にメールボックスから削除していたのだ。谷口さんがそれを指摘すると、明子さんは謝るでも、言い訳するでもなく、逆ギレした。

「なんでそんなに私の携帯に詳しいのよ！」

谷口さんは呆れたが、深くは追及しなかった。

数日後、谷口さん、明子さん、A夫、A夫の妻による話し合いがもたれた。疑いを口にする谷口さん。しらばっくれるA夫と明子さん。泣きじゃくるA夫の妻。しかしこの時点でもまだ、谷口さんは携帯メールの証拠を彼らに突きつけなかったため、話し合いは不完全燃焼に終わった。

「やんわり『僕は知ってるぞ』と伝えることで、ふたりが関係を解消してくれるのを望んでいたんです。当時は、まだ」

「こんな人に子供を育ててほしくない」

ある夜のこと。谷口さんが寝ていると、深夜に気配で目が覚めた。部屋を見回すと、なぜか明子さんがいる。「何してるの？」と聞いたが、説明がいまいち要領を得ない。後日、明子さんの目的が明らかになる。

「当時、僕は相当悩んでいて、カウンセリング通いと並行して、ある霊媒師のもとにも定期的に行っていました。いま思えばかなり怪しいんですが、それほど精神的に追い詰められていたということです。その霊媒師が僕に言いました。『先日、あなたの奥さんが来て、あなたがどんな相談で来ているかを聞かれました』」

谷口さんは仰天した。おそらく、カバンに入れてあった霊媒師のパンフレットを見たのだろう。ということは、明子さんは谷口さんのカバンを勝手に漁っていたということになる。

「それで、はっと気づきました。深夜に明子の気配で目が覚めたとき、彼女の手の先にあったのは、僕の携帯電話だったことを。明子は、僕にも自分と同じような不貞がないかどうか、探ろうとしていたんです」

なぜ、そんなことを？

「僕にも落ち度があれば、自分の浮気を帳消しにできる。喧嘩両成敗に持っていこうとしたんでしょう。その瞬間、僕の明子への信頼はゼロになりました。明子は僕との結婚生活を修復することより、自分の保身を優先したんですから」

谷口さんは、ここでようやく離婚を決意した。

「それまでの僕は、どこか希望を持っていました。どうにかセックスレスが解消されれば、いつか子供を持つことができると。子育てという共通の目的にふたりで取り組めば、いつか夫婦関係は修復できると。だけど、そのときはっきり思ったんです。こんな人に子供を育ててほしくないなって」

谷口さんは離婚の意思を明子さんに伝えるが、応じてくれない。浮気も依然として認めない。家庭内別居が始まった。

「朝6時前に自宅を出たら、夜12時を過ぎるまで帰宅しないと決めました。ただ、そんなに長時間、会社にはいられません。朝は7時から開いている会社近くのジムに行き、早く会社を出た日は自宅最寄り駅前のマクドナルドで12時過ぎまで時間をつぶす。マンションの間取りの構造上、明子も使うリビングを通らないと風呂に行けないので、朝にジムのシャワーを浴びてから出社する毎日でした」

「婚費《こんぴ》」で稼ごうとする妻

約1年間、このような状態が続いたところで、谷口さんの海外転勤が決まってしまう。明子さんとの関係が修復されないまま、東南アジアの某国に赴く谷口さん。すると、数ヵ月後に明子さんが動き出した。

「婚費を請求してきました」

婚費、すなわち婚姻費用とは、夫婦が別居した際に、収入の高い一方（義務者）が収入の低い一方（権利者）に対して、足りない生活費を補填するものだ。この場合、義務者が谷口さん、権利者が明子さんとなる。要は、一緒に暮らしていたときには明子さんが負担しなくてもよかった費用が別居したことで発生したために、請求してきたというわけだ。

婚費の額は「夫の年収」「妻の年収」「子供の年齢」「子供の人数」によって自動的に決まる。算定表を見れば一目瞭然だ。

「明子は家庭内別居中、異動してきた上司とそりが合わず会社を辞めており、彼女の友人が起業したITベンチャーでPR担当として雇われていましたが、収入は激減していました」

つまり、当時は谷口さんのほうが圧倒的に収入が多かったので、明子さんに婚費を支払う義務が発生したのだ。しかし、谷口さんは納得がいかなかった。

「毎月のマンションのローンは100％僕が払っていました。つまり、明子は住居費を1円も負担していない。なのに、婚費からローン分は差し引かれないんです」

賃貸物件の家賃は支出なので婚費からの差し引きが認められるが、ローンの支払いは支出ではなく「夫婦の共有財産の積み上げ」、つまり資産形成なので、差し引かれない。

毎月のローン支出に加え、莫大《ばくだい》な婚費の支払い義務も課せられた谷口さん。しかも、明子さんはもともと谷口さんとふたりで住んでいたマンションに住み続けていたので、引き続き住居費は1円も発生しない。

「明子が離婚に応じず、婚費請求だけしてきたのは、カネがもらえるからですよ。離婚裁判になって自分の浮気が暴かれれば、僕に慰謝料を支払う必要がある。いずれそうなるにせよ、その前に婚費で稼いでおけば、金銭的ダメージは相殺できますからね。本当に、やり方が汚い」

浮気されたのに1600万円の赤字

結局、谷口さんは離婚裁判を起こし、本人尋問で出廷した明子さんとA夫の前で、最後の切り札だった浮気メールのデータを証拠として提出。それが決定打になって明子さんの不貞が認められ、離婚が成立した。結婚から11年目の終止符。谷口さんは39歳になっていた。

「慰謝料は相場通りで、明子から100万円、A夫から100万円の、合計200万円。ただ、僕としては1600万円の赤字でした……」

その理由は、財産分与と件《くだん》の婚費だ。夫婦が離婚した際の財産分与は、結婚生活中に夫婦が築いた共有財産をきっちり2等分する。これは、ふたりの収入差や不貞を働いたか否かには一切左右されない。

共有財産には、結婚〝後〟に購入したマンションも当然含まれる。谷口さんは親に借金し、自分名義のマンションの査定額から住宅ローンの残高を引いた額の半額、結婚中に築いた預貯金の半額、海外赴任中に発生した婚費2年分を、明子さんに支払った。その後マンションを売却して親に借金を返済し、残りのローンも精算したが、結果として収支は1600万円ものマイナスになってしまったのだ。

「もとを正せば、明子の浮気です。なのに、彼女はたった100万円の慰謝料を支払っただけ。僕が海外駐在勤務になって以降、2年分の婚費をがっぽりせしめていますから、かかった弁護士費用を考えても経済的なダメージは小さい。僕は1600万円もお金を失ったのに……」

「小さい男」だと思われたくなかった

たしかにひどい仕打ちだが、話を聞いていて疑問が湧いた。なぜ共働きなのにローンを谷口さんだけが負っていたのか。すると、驚くべき答えが返ってきた。

「結婚生活中は、ローンだけでなく水道光熱費もすべて僕の負担で、明子には食費相当分として別途、月に十数万円を渡していました。つまり、明子は自分で稼いだお金はまるまる自分で使えたんです」

マンションの頭金はふたりで折半したそうだが、結婚して入居した瞬間から、明子さんは共同生活にかかるお金を一切払わなくなったという。にもかかわらず、谷口さんは苦言を呈さなかった。なぜそんな不公平を受け入れたのか？

「そのときのことはあんまり覚えてないんですけど、なんか……払ってくれないなあと」

そんな大事なことを、覚えていない?

「波風を立てるのが面倒臭かったんでしょうね。お金のことをぐちぐち言って、小さい男だと思われるのが嫌だったのかも」

「小さい男だと思われたくない」。そのプライドが、谷口さんにさらなる災厄を運んでくることになる。

一度目の結婚は、序章にすぎなかった。

3回しか会っていない女性と、3カ月で結婚

谷口さんは、明子さんとの離婚が成立したその週に、日本の結婚相談所に登録した。駐在先である東南アジア某国からの、リモート婚活だ。条件に合う相手複数人と次々に約束を取りつけ、帰国時にまとめて会う。トータルで20人は会った。

谷口さんはそのうちのひとり、当時28歳だった葉月《はづき》さんと、たった3カ月の交際で結婚を決める。

「しかも、僕が帰国時に東京で1度、彼女が住んでいる関西の某県庁所在地で1度、そして僕の駐在先に渡航してもらって1度の、合計3度しか会っていません。3度目に肉体関係を持ちました」

それにしても、急ぎすぎではないのか。

「僕はもう39歳になっていましたし、駐在期間は最低でも4年と言われていました。帰国後にのんびり婚活して、再婚して、子供を作るなどと悠長なことは言ってられない」

とはいえ、少しだけ懸念材料もあった。

「葉月はなんというか、いわゆるメンヘラチックな女性でした。情緒のアップダウンがとにかく激しい。過去の交際経験を聞くと、自分が精神的に病んで終わったとか、親友に彼氏を取られたとか、そんなのばかりで。不幸オーラもすごかったです」

にもかかわらず、谷口さんは葉月さんを再婚相手に選ぶ。

「まず、前妻の明子とは正反対の女性と結婚したかったんです。明子は交友関係が広く、野心や向上心が強くて、自分の信念を絶対に曲げない人でした。だから子作りの方針にも同意してくれなかったし、自分の欲求不満を外の男で解消してしまった。葉月は真逆で、容姿も佇《たたず》まいもとにかく清楚《せいそ》で地味。自己主張も少ないように感じました」

「病み」や「不幸オーラ」は気にならなかったのか。

「僕は一度結婚に失敗して修羅場を乗り越えていたので、離婚を通じて自分の器が大きくなったと思い込んでいました。並大抵のことでは心が折れない自信があったんです。むしろ、生きづらくて困っている女性を救ってやろう、くらいの。

僕、昔から『好きな子が川で溺れかかってるのを助ける』みたいなシチュエーションが夢だったんですよ。不謹慎ですけど、不幸な人を見るのが嬉しいというか、困っている人を助けたい欲というか。まあ、完全に自分を過信していました」

友人がおらず、結婚式をしたがらない妻

とんとん拍子で結婚が決まったが、違和感もあった。

「普通、結婚が決まったら、お互いの親友にパートナーを紹介するじゃないですか。ところが葉月は、そういうのが全然ないんです。結婚前も結婚後も、葉月から友達を紹介されたことは一度もありません。本人いわく、『仲のいい友達に彼氏を奪われたことがあるから、友達なんて信用できない』。だから、結婚式もしませんでした。したくもないし、呼ぶ人なんていないからと」

「結婚式をやりたがらない妻」「友達に会わせてくれない妻」が危険だという説は、多くのバツイチ男性が唱えている。今までの取材でも幾度となく聞いた、定番の離婚フラグだ。さらに葉月さんの場合、家族の紹介に際しても不審な点があった。

「葉月の両親はともにバツイチで、葉月は母親と前夫との間の子です。父親と前妻との間には男女ひとりずつ子供がいて、葉月にとっては腹違いの兄と姉にあたります。ところが、葉月はその姉と兄になかなか会わせてくれないんですよ。結婚式をしないなら、せめて親兄弟には挨拶するのが筋なのに、『うちのお姉ちゃんは変わってるから』って」

そこで「変だ」とは思わなかったのか。

「葉月の両親がふたりとも離婚経験者であることに、僕はむしろ親近感を抱いていました。苦労されたんだろう、きっと僕のことも理解してくれるに違いないと。めぐり合わせだなとすら感じました。なにより、早く子供を作らねばと焦っていましたからね。自分は40前のバツイチですから、贅沢なんて言ってられません。多少の違和感は目をつぶろうと」

夫のカードで月に40万円使う妻

結納を兼ねた簡単な食事会を日本で行い、谷口さんは葉月さんを駐在先である東南アジアの某国に呼び寄せた。日本の大企業の工場があるため、数千人規模の日本人コミュニティができている、同国屈指の主要都市である。

葉月さんは現地でふたりの女の子を出産。谷口さんにとって待望のわが子である。子供好きの谷口さんは、娘ふたりをうんとかわいがり、積極的に育児をした。病院への定期検診は、毎回欠かさず会社を中抜けして同行したという。

ただ、葉月さんのメンタルは不安定なままだった。

「相変わらずの病み体質でしたので、すぐにブチ切れてものを投げたり、大声で怒鳴ったり、鳴咽したりが日常茶飯事でしたが、受け止めました。妊娠と出産でホルモンバランスが相当崩れていたでしょうし、周りの人に聞いても産後は皆同じような経験をしていましたから。自分の妻だけではないのだし、と自分を納得させていました。

それよりも、こんなバツイチ男なんかと結婚して、単身海外まで来てくれたことが、僕はすごく嬉しかったんですよ。彼女は英語が話せないし、慣れない海外でストレスを相当溜めていたはずですから、荒れて当然です。一方の僕は、壮絶な離婚を乗り越えた、器のでかい男なんだから、どんとこい、受け止めてやるさと。だから駐在先での4年間は、今までの人生で一番幸せだったと言ってもいい」

ただ、現地での生活ぶりを聞くと、不自然さも際立つ。

「葉月は僕のカードで毎月40万円ほど使っていました。家賃は会社持ちだったし、光熱費、外食費、幼稚園代などは僕が別途払っていたので、葉月がカードで使うのは、毎日の食費と、葉月個人の買い物代くらいのはずなんですが……。現地では食材が日本より安いので、食費はどれだけかかっても、いいとこ6、7万円。で、ほぼ毎日Amazonから葉月宛ての荷物が2、3箱届くんです」

驚くべきことに、谷口さんは葉月さんを一切咎めなかった。Amazonで何を買っていたかも聞かなかったという。

「住居費がかからないし、駐在手当も出ていましたから、収入にはかなり余裕があったんです。それに僕、葉月に対しては、バツのついた男と結婚して単身海外まで来てくれたという恩義がありましたから、強くは言えませんでした」

しかしこれは、月々のローンを分担しなくなった前妻の明子さんに一言も苦言を呈しなかった状況と、まるっきり同じではないか。その理由もまったく同じだ。

「自分が小さい男だと思われたくなかったから、です」

空白の1カ月

４年の駐在期間が過ぎ、谷口さんの次の勤務地が東京本社に決まった。ただ、駐在中に海外からリモートで東京の物件を探すのは難しいと判断した谷口さんは、葉月さんと幼い娘ふたりを先に帰国させ、関西の某県庁所在地にある葉月さんの実家で過ごさせることにする。

谷口さんはその間に、駐在先での残務処理と物件の引き払いを済ませて帰国。東京でウィークリーマンションに滞在して通勤しながら、新居探しをすることに決めた。

葉月さんの新居に対するリクエストは、「とにかく広いところ」。駐在先の住まいが２００平米もある家だったので、狭々しい家は嫌だというのだ。谷口さんは不動産屋行脚の末、都内におあつらえ向きのマンションを見つけた。ファミリータイプの３ＬＤＫだ。

谷口さんは、葉月さんに物件を見てもらおうと、連絡を入れる。葉月さんが帰国してから、約１カ月後のこと。しかし、信じられない返事が返ってきた。

「東京には行きません。あなたとはやっていけない」

谷口さんは混乱した。何がなんだかわからない。

「最初は、一時的な精神不安によるものだと思いました。だけど、どれだけ話し合いをさせてくれと言っても、『私に話すことはありません』を繰り返すばかり。どうにかこうにか理由を聞き出すと、あなたにモラハラを働かれたと言われました。カネに細かい、自由に使わせてくれないと」

毎月40万円も自由に使っておいて、一体どういうことなのか。

「海外駐在中、何ヵ月かに一度、葉月の機嫌のいいタイミングを狙って、『あれ？　今月結構使っちゃったのかなあ？』って、猫なで声で言ったりすることはありましたよ。葉月はスルーでしたし、そのときには特に反発していませんでしたが……。それがいつの間にか、葉月の中で『めちゃくちゃ詰められた』ことに脳内変換されていたんです」

娘を支配下に置く毒親

1カ月間の間に、何があったのか。

「実家の親からの洗脳です。あとからわかったんですが、葉月の母親、つまり義母は、とんでもない毒親でした」

毒親とは、一般的に「子の人生に害悪を与える親」のことを指す。

「実は海外駐在中、葉月が僕に『小さい頃、母からDVを受けていた』と話してくれたことがあります。そのときは驚きましたが、『今は全然気にしていない』と言ってあっけらかんとしていたので、あまり掘り下げて聞かなかったんですよ。でも、あとで考えると、葉月は幼い頃からずっと母親の支配下にありました。結婚してからも、です」

毒親の中でも最もよく報告されるのが、「女親から娘に対する過干渉と支配」である。

「義母は、葉月が自分の思い通りにならないと気が済まない人なんです。葉月に友達がいない、あるいは友達というものを信じていないのも、そのせい。娘を自分の絶対支配下に置くためには、娘の周りの友人関係を排除するのが一番ですからね。もしなんでも話せる親友がいたら、自分がいかに無茶なことを娘に要求しているかを、娘に気づかれてしまう。

だから葉月が同級生と仲よくしようとすると、すぐ『あの子は信用ならない。あなたを陥れようとしている』と耳打ちする。葉月は小さい頃からずっと、義母にそうされてきました」

しかし不思議なのは、そこまで支配下に置いておきたいなら、なぜ葉月さんの結婚を許したのか。谷口さんはそこにも明確な答えを持っていた。

「葉月自身の『母親から自立したい』という意思の芽を、元から摘んでおくためですね。一度結婚させて子供を産ませ、子供ごと葉月を囲ってしまったほうが、葉月を一生手元に置いておけると踏んだのかもしれません。葉月が身ひとつなら親元から離れるのは簡単ですが、葉月がシングルマザーなら、母親の手助けなしには生活が立ち行かない。精神的にも、経済的にも、親を頼らざるをえなくなる」

経済的にも、とはどういうことか。聞けば、結婚前の葉月さんは何ひとつ仕事が長続きしなかったという。そして葉月さんの母親は、谷口さんに常々「この子は仕事なんかできない」と言っていたそうだ。

「子供の能力をつぶす毒親の典型です。『自分の子はできない』と決めつけることで、『この子には私が必要だ』という自分の確信を強める。そして、できない子だと扱われ続けた子は、自己肯定力がゼロのまま大人になります。何ごとにも自信が持てない、卑屈な大人に」

葉月さんが結婚式をしたくないと強硬に主張した理由は、呼ぶ友達がいなかったからだけではない。自分なんかが「お姫様」として着飾り、注目を浴びることが、とてつもない分不相応だと感じ、不快に思い、本能的に避けたからだ。

「自分に自信がない子は、ちょっとした困難や人との意見衝突をものすごく苦痛に感じ、傷つくので、学校や社会にうまく馴染《なじ》めません。仕事も長続きしない。それを見た親は、『そらごらん、やっぱりあなたはできない子なの。私がいないとダメね』と言って、ますます子供を囲い込む。子供は子供で、自分が頼れるのは親しかいないという思いを強めるので、親元から自立するのはますます不可能になります。共依存関係ですね」

娘を一生、手元に置いておく方法

谷口さんは、さらに恐ろしい話を続けた。

「義父は自分の連れ子、つまり葉月の腹違いの姉と兄を、幼い頃からネグレクトし続けていたそうです。その裏では、たぶん義母が糸を引いています。実の娘である葉月を、排他的優位にかわいがりたかったのでしょう。義母は義父までも精神的な支配下に置いていたようです」

その狙いとは？

「義母は葉月を一生手元に置いておきたい。ただ、そのためには、娘と一生暮らしていけるだけの経済力が必要ですよね。そこで義母は考えました。娘と腹違いの姉と兄を、遺産相続の対象から外そうと」

にわかには信じがたいが、彼女はそれを実行する。

「当時、葉月の姉と兄は、葉月の両親と養子関係にありましたが、義母は義父を通じて彼らを説得し、養子関係を切ることに同意させたんです。義父は義母の言いなりだったので、それができました」

これで、両親の財産はいずれすべて葉月さんに行く。経済的な安心感によって、娘を囲ったわけだ。

「義母が葉月の結婚相手として僕にＯＫを出したことにも、説明がつきます。僕は名の知れた大手電機メーカー勤務ですから、高給取りであることは想像がつく。つまり、子供を作って離婚してしまえば、子供が成人するまで養育費ががっぽり取れる。養育費の金額は義務者、つまり僕の収入に比例しますからね。葉月が働きに出なくても、親子の定収入が高め安定で約束されるんです。僕は、義母が娘を一生囲うための資金源として利用されました」

葉月さんに離婚を決意させるため、葉月さんの母親は、葉月さんが帰国してから１カ月の間に、谷口さんに対するすさまじい悪口を吹き込んでいた。

「義母は、僕が違法薬物をやっているとか、勤労意欲がないとか、性的嗜好に関して……口にしたくもない中傷を、裏で葉月に吐き続けていたみたいです。すべて根も葉もない嘘ですが、葉月はそれを信じた。かつて葉月の友達を排除したのと同じ方法、マインドコントロールです」

しかし、現在の谷口さんの苦悩は、お金のことではない。

「子供の親権がね、どうしても取れないんですよ」

連れ去ったもん勝ちという理不尽

日本では現在、「子供の連れ去り」が社会問題になっている。

大前提として、日本では離婚した夫婦の共同親権は認められていない。父親か母親、必ずどちらかの「単独親権」になる。つまり、父親と母親は親権争奪に血眼にならざるをえない。親権を取れるか取れないか、1か0だからだ。なお欧米諸国では、離婚後は共同親権が普通であり、G20の中で日本の他に単独親権を採用しているのは、インド、サウジアラビア、トルコだけである。

その親権争奪の際に〝有効〟な手段が、子供の連れ去りだ。谷口さんの妻・葉月さんは、まさにこれを実行した。

相手が留守の間に子供を連れて家を出る。理由はでっち上げでもいい。「夫が自分に暴力をふるうので、子供と避難した」「妻が子供を虐待しているので守りたかった」など。無論、証拠がなければ、離婚裁判時にＤＶや虐待は認められないが、大事なのはそこではない。「子供がどちらと長い時間を過ごしたか」という事実だ。谷口さんは説明する。

「裁判所が父親と母親のどちらに親権を与えるかを決める際、重要になるのは、どちらが直近で子供の監護者（子供の身の回りの世話をする者）だったか、ということです。つまり、どんなにひどい親であっても、どんなに強引な手段で連れ去ったとしても、監護者にさえなってしまえば、親権争いで圧倒的有利に立てる」

そんなバカな、と思われるかもしれない。しかし、それが現実だ。

「日本の法制度では『継続性の原則』といって、子供の監護者が〝その後も引き続き監護者であること〟が望ましいとされるんですよ。そこにはほとんどなんの審査も議論もない。つまり〝先に子供を連れ去ったもん勝ち〟です」

いきなり離婚裁判を起こすのではなく、とりあえず子供とともに家を出て、何カ月なり何年なり子供と過ごすという既成事実を作ってしまえば、いざ離婚となったときに親権を取りやすい。「その〝上手《うま》い方法〟を入れ知恵する〝自称・人権派弁護士〟が、巷《ちまた》には非常に多いんです」と、谷口さんは憤った。

離婚裁判は取材時点でも継続中だった。子供たちは葉月さんとともに生活しているので、監護者は葉月さん。つまり、谷口さんが親権を取れる可能性は皆無に等しい。

「葉月の母親も父親も離婚経験者ですから、そのあたりの事情には通じていたはずです。僕に離婚したいと連絡してきたのは葉月自身でしたが、その後の話し合いでだんだんわかってきました。ああ、これは最初から弁護士と両親の入れ知恵があったな、と」

子供を連れ去られた被害者は夫・妻ともに多く、情報交換のための私的なネットワークもいくつか組織されている。筆者が谷口さんと知り合ったきっかけも、このネットワークを通じてだった。

ホテルラウンジでの修羅場

葉月さんと子供たちは、葉月さんの両親が住む実家から一歩も出ない。谷口さんは東京勤務を続けながら、粘り強く話し合いを試みたが、葉月さんの態度は頑《かたく》なで、東京に行く気はないという。このまま長引けば、子供たちの監護者は葉月さんということになり、「継続性の原則」によって親権が取られるのは目に見えている。

「やがて、3カ月間だけでしたが、月に一度、子供たちに会わせてくれることになりました。葉月の実家の敷居はまたがせてくれないので、会うのは空港近くにあるホテルのラウンジ。毎回、葉月だけでなく向こうの両親が同席していました。葉月が僕に説得されるのを阻止する監視役ですね」

面会時間は毎回3時間の約束だったが、ある日、1時間ほど経過したところで葉月さんの両親がゴネ出した。谷口さんと葉月さんの結婚生活について、ありもしないことをでっち上げ、嫌みを言い、罵詈雑言《ばりぞうごん》をまくし立て始めたのだ。

「僕がたまりかねて『それは違うんじゃないですか』と言ったら、『じゃあ帰ります』と言い、子供たちを連れて席を立とうとするんです。娘たちは明らかに『まだ話し足りない』という顔で戸惑っている。なので『約束が違います』と抗議したら、向こうの両親が突然、『警察を呼びますよ！』と声を上げました」

後ろめたいことなど何もない谷口さんは「呼んでいいですよ」と返答。すると、逆上した葉月さんの母親は、娘たちを強引に連れて帰ろうとした。

「帰りたくない娘は『やだ！』と拒絶したんですが、義母は強い口調で『置いてくよ！』『ママに会えなくなってもいいの⁉』『△△のおばあちゃん（谷口さんの母親）にイジメられるよ！』とまくし立てて、上の娘の手を引っ張るんです。まだたった4歳ですよ……。そのうち泣き始めてしまったので、僕は『やめてください』と彼女の手をつかんで制止しました」

この一件以来、谷口さんは子供たちと面会させてもらえなくなってしまった。

「お母さんはお父さんに捨てられたの」

やがて、葉月さん側から離婚調停の申し立てがあり、同時に婚費の請求と、子供との面会交流条件が設定された。ところが、その後の葉月さんたちは不可解な行動を取る。

「突然、自分たちの弁護士を解任して離婚不成立にしちゃったんです。婚費をもらい続けたほうが得だと考えたのでしょう」

子供を連れ去った妻がすぐに離婚に動かず、なんやかやと別居状態を引っ張ることで得られる経済的メリットが、これだ。離婚して母親に親権が渡った場合、母親が父親から受け取れるのは養育費だが、離婚していない別居状態であれば、婚費がもらえる。婚費は養育費より高い。

「連れ去り、かつ離婚しないままその状態を長引かせるというのが、連れ去った妻側にとって一番〝得〟なんですよ」

しばらくすると、今度は葉月さんが谷口さんの母親に、「離婚したいので、息子さんから離婚裁判を申し立てるように説得してほしい」と連絡してきた。

「もう、めちゃくちゃです。もともとは彼女が一方的に離別を望んだのに、僕に離婚裁判を起こせと言ってきた。たぶん、子供たちに対する説明でしょう。『お父さんが離婚を望んで、お母さんは捨てられたの』ということにすれば、将来的に子供たちは自分についてくれるでしょうから。葉月の世間体としても、自分が被害者になったほうが都合がいい。全部、義母に吹き込まれたと思います」

結局、離婚裁判が開始されたが、親権は絶望的だと谷口さんは肩を落とす。子供たちが監護者である葉月さんのもとにいる以上、「継続性の原則」が働くからだ。しかも、葉月さんサイドは裁判で、信じがたいでっち上げを主張してきた。

「ホテルラウンジで義母が娘の手を引っ張って泣かせた件は、『話し合いの途中で僕が騒ぎ、娘を羽交い締めにして泣かせた』ことになっていました……」

月26万円の婚費、月4時間の面会

谷口さんは取材時点で、月額26万円もの婚費を葉月さんに払い続けていた。谷口さんの毎月の収入からすると完全に持ち出し、赤字だ。

「娘たちとは月に1度、4時間だけ面会できる約束になっていますが、葉月はなんやかんやと理由をつけては、回数や時間を減らそうとしてきます。先日は長女の運動会だったので観に行ったんですが、葉月からは事前に、『手を振るな』『声をかけるな』と厳命されました。運動会ですよ……。娘は僕に気づいてこっちを見るんですが、忖度《そんたく》して僕のところには来ない。あまりに不憫《ふびん》です……」

葉月さんの要求は、どんどんエスカレートしているという。

「僕に、『面会のとき、人前で〝良い父親〟のふるまいをするな』と言ってくるんです。めちゃくちゃですよ。葉月は周囲に僕が〝悪い父親〟だと触れ回っているから、僕が〝良い父親〟だと整合性が取れないんです」

経済的にも、精神的にも苦しい日々が続いている。しかし谷口さんは、「どうしても言わせてほしいことがある」と前置きして、こう言った。

「自分の人生で子供が授かれたことには、心から感謝しています。そのこと自体に後悔はまったくありません。ただ、失敗した結婚の責任を僕が取らなきゃいけないのはわかるとして、それに子供たちが巻き込まれるのは絶対に違う」

ボランティア精神がなければ、近づくな

ところで、1度目の結婚はともかく、2度目に関しては、最初から葉月さんが精神的に不安定であることはわかっていた。なぜ谷口さんは、それでもなお結婚したのか。

「完全に自分の器を過信していました。『生きづらい人間を救ってやりたい』だなんて、傲慢にもほどがあります」

「自戒を込めて、これから結婚する人に伝えたい」と谷口さんは言う。

「パートナーに〝普通じゃない点〟があると感じた場合、『気になるけど、たぶん大丈夫だろう』とか『他にもいいところがあるんだし、見て見ぬふりをしよう』といった甘い見立ては、危険です。むしろ〝普通じゃない点〟を積極的に尊敬できるくらいでないと乗り越えられません」

かなりシビアな結婚観だ。誰にだって欠点はあるし、必ずしも本人の責任とは言えない精神的な問題を抱えている人は、どうすればいいのか。

「精神的な問題を抱えているパートナーの相手をするなら、滅私のボランティア精神、あるいは〝仕事〟だと思って取り組まなければいけません。その覚悟がないなら、近づいてはいけない」

実際に壮絶な結婚生活を味わった谷口さんに、何かを言い返す気にはなれなかった。

「釣書《つりがき》」を交わせ

谷口さんが「そういえば……」と口を開いた。谷口さんの両親のことである。

「前妻の明子が結婚の挨拶でうちの実家を訪れた際、父が『谷口家の嫁になるんだから……』と口走り、そこに明子が食ってかかったことがあります。『私は和成さんの妻になるつもりですが、谷口家の嫁になるつもりはありません』と。僕は若かったので、全面的に明子を擁護したんですが、両親の心証は最悪でした」

谷口さんは1度目の結婚の失敗を踏まえ、2度目の結婚では、葉月さんとの交際時から逐一両親に状況を報告し、都度了解を取り続けた。しかし、あることについてだけ、両親の要望をはねのけたという。

「親から、『先方に釣書や親族書を用意させろ』と言われたんです。釣書は関東で言うところの身上書、親族書は親族のリストですね。要は、〝ちゃんとした〟家の人間かどうかを調べとけと」

当時の谷口さんは猛反発した。

「僕自身がバツイチなんだから、そんなことを相手に求める資格はないし、谷口家だってたいした家柄じゃない。先方に失礼じゃないか、いつの時代の話をしてるんだと。なぜそこまで拒否反応を示したかというと、そこに葉月の〝血筋〟や〝出自〟を探りたいという親の意図を嗅ぎ取ったからです」

出自を調べるということ

谷口さんは、やや声を潜めた。

「実は、僕がまだ学生のときに、父が母に向かってこんな話をしているのを聞いたことがありました。『あそこは親族に△△病がいるから、あいつも云々《うんぬん》』『あいつの生まれ、〇〇だろ。あそこはどうのこうの……』。それがはっきりとした〝差別〟だということは、当時の僕でもわかりました。以来、そういう考え方は断固として根絶すべきだと思ってきましたし、今でも頭では……わかります。ただ、今は、そういうふうに警戒する人たちを、無下《むげ》に否定することはできなくなりました……」

理由は言わずもがなですよね、というように、谷口さんはこちらを見た。

「この現代社会からすれば、ありえないことです。でも、昔の人たちは、そして親の世代は、そういう情報を〝知見〟として蓄え、面倒ごとを経験的に事前回避してきました。だからこそ、うちの両親も相手の出自を調べろと言った」

谷口さんが拒否反応を示したことで、両親はそれ以上何も言わなくなった。しかし、ひとりだけ最後まで葉月さんとの結婚に反対した人がいた。谷口さんの妹である。

「不思議なんです。葉月と会ったこともないくせに、結婚はやめといたほうがいいと言われました。理由を聞くと、葉月の実家がある地域について、どうのこうのと。まあ、ひどい誹謗《ひぼう》中傷でしたね。でたらめで事実無根の悪口です。しかも、その悪口は、妹が幼い頃から母が吹き込んだものだったことが、あとで判明しました」

悪口の内容を聞いた。とんでもないほど差別的であるばかりか、なんの根拠もない醜悪な決めつけだった。

「ただ、もしかするとですが、妹は僕の結婚に関して何か悪い予感が働いたものの、根拠がなかったから、無理やりにでも理由をでっち上げたのかもしれません」

「いずれにしろ」と谷口さんがまとめに入る。

「結婚というものは、事情がどうあれ、自分の家族が祝福してくれる形に持っていかなければならない。失敗した2度の結婚で、それを痛感しました」

妻は被害者だった

取材を終えようとすると、谷口さんが再び口を開いた。

「これだけ葉月への恨み言を言っていながら、なんなんですけど、実は僕、心のどこかで、葉月は〝被害者〟だと思っています。あの毒親からなんとかして引き離すことさえできれば、今からでも正常になるかもしれないって」

驚いた。人生を狂わされ、わが子まで連れ去られたのに、なぜそんなことが言えるのか。

「葉月は幼い頃から、母親の精神的支配下にありました。にもかかわらず、たった3度しか会っていない僕との結婚を決意して、単身海外に来てくれたんです。親元を一度も離れたことがなく、実家の街から一歩も出たことがないのに、ですよ？

おそらく葉月は、生まれて初めて一世一代の賭けに出た。これで親から逃げられるかもしれないという望みに賭けた。結果的にそれは『一時的に、義母に泳がされている状態』だったわけですが……。それを思うとね、やり切れなくなるんです」

谷口さんは「もし、葉月と子供たちを先に帰国させていなかったら、あるいは……」と言いかけた。しかし、あのすさまじい毒親であれば、どんな方法を使ってでも、葉月さんを手元に置こうとしたはずだ。

「わかっています。長年の精神的ＤＶから逃れるのは、言うほど簡単じゃない。信頼できる友達のいなかった葉月が、囚われた精神を自力で解放させるのは無理だったでしょう。あの親を見ていて、つくづくそう思いました」

溜め息が交じる。

「ときどき思うんですよ。『わが子をわが手にとどめておきたい』と願う気持ちって、僕も、葉月も、そして葉月の両親も、根本の部分は同じなんじゃないかって。ただ、葉月の両親はそれが強すぎただけなんじゃないかって」

正直、谷口さんのお人好《よ》し加減にイラッとした。明子さんとの生活費を10年以上にわたって全額負担し、子供たちを奪った葉月さんに対しても惜しみなく同情する。先ほど谷口さんが口にした「滅私のボランティア精神」という言葉が思い出される。

僕には夢がある

会計を済ませて席に戻ると、谷口さんは笑顔で「僕がおごるから」と2軒目に連れて行ってくれた。感じのいいバーだ。行きつけにしているという。酔いの回った谷口さんは、また話し始めた。

「十中八九、子供たちの親権は取れないし、再々婚も無理だと思います。これで離婚が成立すれば、バツが2つもついた、養育費を毎月がっぽり払い続けている50前のおじさんですからね、僕は」

「結婚って、なんなんでしょうねえ」と言いながら、グラスをじっと見つめる谷口さん。

「結婚は更新制の2年契約にすればいいと思うんですよ。次の2年も夫婦でいたいなら継続する。そうでなければ終わり。惰性の自動更新はなし。……そうだ、これは夢なんですけどね」

谷口さんは顔を上げ、視線を斜め上に向けた。

「60歳を過ぎて、子供はいないけど子供は育てたい、比較的財力のある男がいたとします。そういう男が、同じ気持ちの別の男と共同でね、やむをえない事情で親が育てられなかった子供を引き取って、ふたりで育てればいいと思うんですよ。恋愛感情でつながった同性カップルということではなく。子育てを目的に組まれた、共同事業のパートナーというイメージです」

その男とは、谷口さんの十数年後の姿なのか。

「親の役割を担うのは、異性同士でも同性同士でも、ひとりでもふたりでも3人でもいいと思うんです。経済的にも、時間的にも、精神的にも、育てられる余裕のある人が育てればいい」

いいじゃないですか、と相槌を打った。

「育ての親を選べなかったかわいそうな子供たちが、世の中にはたくさんいるんですよ。私の娘たち、そして葉月も、そのひとりです」

Case #07

岩間俊次
嘘つきと酔いどれ

東京の〝病んだ子〟の危うさ

都内の光学機器製造会社に勤める岩間俊次《いわましゅんじ》さん（44歳）は、俳優の大森南朋《おおもりなお》にメガネをかけたような見た目、小柄で物静かな雰囲気の男性だ。西日本の山間部に生まれ育ち、高校卒業後に某県の県庁所在地で2年ほど働いたあと、20歳で上京。26歳のとき、都内のライブハウスで当時22歳の結衣《ゆい》さんと出会う。

「大正モダンって言うんですかね。レトロなワンピースに釣り鐘型の帽子、黒髪のボブ。ちょっとコスプレが入っていて、かなり周囲の目を引いていました。誰もが振り返る目鼻立ちの整った美人で、過去には青文字系雑誌［＊］に読者モデルとしてちょくちょく出ていたようです。ブレスレットの隙間からはリストカットの痕が見えていました」

典型的な〝危ういタイプ〟の結衣さんに、岩間さんは惹《ひ》かれていった。

「自分もまだ20代で若かったので、東京の〝病んだ子〟の危うさに、どハマりしてしまったんです。あのなりで、太宰治《だざいおさむ》や坂口安吾《さかぐちあんご》が愛読書で、とんがった音楽が好きだとか言われちゃったら、僕みたいなコンプレックスまみれの田舎者なんて瞬殺ですよ」

結衣さんは不安定だった。

「結衣はパニック障害に悩まされていて、3級の障害者手帳（精神障害者保健福祉手帳）を持っていました。しかも10代の頃に親から勘当されていて、20歳のとき、つまり僕と出会った2年前に結婚していました」

既婚者ゆえ、岩間さんは結衣さんと男女の仲になろうとは微塵《みじん》も考えなかった。共通の友人を交えてたまに飲むという関係のまま、長い年月が経つ。しかし約8年後、突然転機が訪れた。岩間さん34歳、結衣さん30歳のときだ。

「結衣から、夫のDVが激しくなったと相談を受けました。それで僕と友人が『そんなに大変なら離婚したほうがいい』とアドバイスして、離婚の後押しをしたんです。当時の僕は彼女もいなかったので、正直、下心ありありで、あわよくば僕の手に……と思っていました」

数カ月後、結衣さんの離婚は無事成立。離婚届の証人欄には岩間さんと友人が署名した。しかし離婚に伴う引っ越しの手伝いを買って出た岩間さんは、引っ越し当日、結衣さん夫婦が住んでいたというマンションに到着すると、即座に「おかしい」と感じる。

「彼女のマンションに行ったのは初めてだったんですが、元夫と住んでいた形跡がまるでないんです。ずっと彼女がひとりで暮らしていたように見えました。しかも部屋は荒れ放題。それで思ったんです。もしかすると彼女の夫が彼女にDVを働いたのではなく、彼女の精神不安定に疲弊した夫が、ずっと前に出ていっただけなのではないか？　って」

［＊］個性的で同性受けするテイストのファッションを取り上げる女性誌の総称。結衣さんが読者モデルだった時代は「Ｚｉｐｐｅｒ」「ＣＵＴｉＥ」（いずれも休刊）が二大巨頭だった

「誰でもよかった」

しかし、疑念を抱いたにもかかわらず、岩間さんは結衣さんに交際を申し込む。

「当時の僕は、仕事でひどいプロジェクトにアサインされて、プレッシャーとストレスで心身がめちゃめちゃでした。同時期に親しい友人が亡くなったり、その後に東日本大震災があったりして、精神がかなり不安定になっていたんです。毎日浴びるように酒を飲み、生活が荒れまくって……。とにかく誰かと寄り添いたかった。その誰かは、はっきり言って、誰でもよかった」

交際後すぐに同棲を開始。岩間さん36歳、結衣さん32歳。しかし同棲を始めた直後に岩間さんは大きく後悔した。結衣さんは、ちょっとしたことでものすごい癇癪を起こす人間だったのだ。

「わかってはいたんですが、これほどのメンヘラだとは思いませんでした。たとえば、新居のカーテンを買いに専門店に行ったときのこと。僕はこだわりがないのでなんでもよかったんですが、結衣は店内をしらみつぶしに見て回っても、気に入る柄がありませんでした。それで店員さんにカタログを何冊も出してもらったんですが、布のサンプルだけだといまいちイメージが湧かなくて、やっぱり決められない。20分も30分もカタログとにらめっこしてる。今日はもう決まらないなと思って、『決められないんだったら、また今度にしよう』って言ったんですよ」

するとと結衣さんはカタログを勢いよく閉じ、「はぁ？」と言って岩間さんを睨みつけた。

「『カーテンないままじゃ暮らせないじゃない！』と大声で怒鳴り、自分の携帯電話を机に叩きつけました。店員も客もびっくりしてこっちを見ているのに、構うことなくわめき立て、僕のことを執拗になじるんです。第三者がいる前で大声を出すことで、自分を被害者だと印象づけたいんでしょう。仕方なく結衣に謝り倒しましたが、日々そんな感じでした」

公衆の面前で、頻繁に激怒する結衣さん。しかもその地雷は、「その程度のことで……」というようなことばかりだった。

「地下鉄内の轟音《ごうおん》で結衣の声が聞き取りにくかったので、大きめの声で『えっ？』って言ったらキレる。レストランでワイン選びにあまりにも長時間悩んでいて、15分経っても20分経っても乾杯できないので、彼女がトイレに立った隙にとりあえずグラスワインを頼んでおいたらキレる。しかも、わざわざ周りに人がいるタイミングを狙って、僕がいかに悪い人間かを訴えるようにまくし立てるんです」

岩間さんは別れたいという意思を伝えるが、聞き入れてもらえない。

「結衣は決まって『外に女がいるんだろう』と疑い、台所からこれ見よがしに包丁を持ち出してきて、わめくんです。エキサイトすれば容赦なくものを投げてきました。ワインの空き瓶を投げられたこともあります」

1年ほどは食い下がったが、やがて岩間さんは諦めてしまう。

「会社は相変わらずストレスフルで、心身ともに限界まで疲弊していましたから、家での修羅場に立ち向かうことができないんですよ。結衣は強い言葉と強い態度で僕を押し込めてきますから、押し返すのにものすごくエネルギーがいる。でも、そんなエネルギーなんて、一粒たりとも残っていませんでした。なんというか、エンジンがかからない」

いいときは一瞬もなかったが、子供は作った

岩間さんは諦めた。結衣さんを刺激しないことだけに全神経を集中させる人生へと、気持ちを完全に切り替えたのだ。

「とにかく……毎日疲れ切っていました。結衣と暮らしてから、いいときなんて一瞬たりともなかったです」

絶望的な人生から目をそらすため、岩間さんは連日深夜まで酒を飲んで帰宅するようになる。

「夜11時までヘトヘトになるまで働いて、その後は午前3時まで飲み、フラフラになって帰るような毎日でした。依存症に片足を突っ込んでるような状態でしたが、そうでもしないと、とてもやっていられない」

言うまでもなく夫婦関係は最悪。ところが、同棲を始めて2年目に子供ができてしまう。

「酔っ払って寝ていると、よく結衣がおっかぶさってきたんですよ。それで、そのまま……」

なぜ拒まなかったのか？

「ぶっちゃけ、そっちは僕も嫌いなほうじゃないので、まあいいかと。毎度、流れに身を任せてました」

少しバツが悪そうに、岩間さんは言う。しかしその代償はあまりに大きかった。結衣さんは女の子を宿し、それを機に入籍、ふたりは夫婦となる。もう簡単には別れられなくなった。

「普通の家庭」の実感がない

「子供どころか、結婚して家庭を作るなんて、自分の人生ではまったく想定していませんでした。結衣以前に付き合った人からも、結婚を迫られるごとにその都度お断りしては、破局していましたし」

その理由を、岩間さんは自らの生い立ちに求めた。

「僕、5歳のときに両親が離婚しているので、『普通の家庭』がどういうものか、わからないまま大人になったんです。家庭というものに実感が湧かないというか」

岩間さんは両親の離婚後、父方の祖父母の家で妹さんとともに育てられた。母親とは連絡が途絶え、父親は作った借金を返すため、出稼ぎで働きに出ていたという。

「祖父母は昔の人間ですから、子供は労働力扱いなんですよ。ネグレクトがあったわけじゃないけど、子供との関わり方が、やっぱり、旧世代的というかね……」

岩間さんは言葉を濁す。それ以上、聞けない雰囲気が漂った。

「僕に『普通の家庭』の実感が欠如していたことと、結衣みたいな『ヤバいとわかってる案件』に手を伸ばしたことが、無関係だとは言い切れないですね。要は、僕に人を見る目がなかったんですけど、じゃあ人を見る目ってどこで養われるんだろう？　って考えるとね、やっぱり育った家庭環境じゃないですか」

心なしか、その語りは他人事《ひとごと》のように聞こえた。

酒飲みの家系

「一緒に引き取られた僕の妹なんですけどね、数年前にまだ30代の若さで亡くなったんですよ。肝臓がん、酒の飲みすぎです。ほとんど孤独死でした」

ふと筆者は、「アルコール依存の発症に遺伝的要因が占める割合」について書かれた記事のことを思い出したので、恐るおそる聞いてみた。

「うーん……。たしかに父も母も、祖父も祖母も飲む人でした。僕の地元では、祖母の世代で女性が飲むのは珍しかったんですけど、隠れて飲んでたみたいです。いわゆるキッチンドランカー。いま思うと、祖母は常に酒臭かった。当時はそれが飲酒した人の息の匂いだとわかりませんでしたが」

子供が生まれても、岩間さんの酒癖は変わらなかった。

「深夜に帰宅しても、結衣は娘に会わせてくれないんですよ。『酒に酔っている人に子供は会わせられない』って。別室にこもって鍵をかけられる」

娘が生まれて2年近くが経った、ある日のこと。

「仕事後にファミレスでご飯を食べて、いつものように酒を飲んで、深夜に帰宅しました。そのまま明日の朝食の支度をしていたら、結衣が起き出してきて、『うるさい！』と突っかかってきたんです。それで口論になり、激しい取っ組み合いになりました」

ひとしきり揉《も》み合ったあと、なんと結衣さんは警察に電話をかけた。間もなく警官が到着。親子3人でパトカーに乗り、警察署に移送される。そこでの結衣さんの主張は、岩間さんにとって驚くべきものだった。

「結衣は警官に、僕に殴られたと言いました」

アザを〝描いた〟？

「結衣は『配偶者による暴力』を主張していましたが、正直、ほんとかよ、という感じで……。たしかに僕は酔っていて言動が不安定だったかもしれませんが、手を上げた記憶はない」

正直、岩間さんの話だけでは判断がつかない。

「暴れる結衣をちょっと押さえつけたことが、『首を絞められた』ことになっていました。取っ組み合いの際、彼女がたまたま僕の足に踏まれる体勢になったり、揉み合いで床に頭をぶつけて怪我《けが》をさせたりしたかもしれませんが、それを言ったら、僕だって頭を強打してこぶができたし、口の中も切りましたからね」

岩間さんによれば、結衣さんがのちに裁判所に提出した資料には、顔面に痛々しいアザのついた結衣さんの写真が添えられていたという。しかし、岩間さんはその写真を信じていない。

「アザを〝描いた〟のかもしれません。そもそもこの写真、取っ組み合いをしてから警察が届くまでの間に自撮りしてるんですが、あまりにも用意周到すぎると思うんですよね」

すべて計画のうえでの行動だった、と？

「証拠保全というやつですね。事前に弁護士や友人のアドバイスがあったのではないかと踏んでいます」

結衣さんに対する岩間さんの不信感が、堰《せき》を切ったようにあふれ出す。

「結衣は障害者手帳を持っていましたが、詐病の可能性もあります。根拠ですか？　パニック障害に悩まされていた時期、通院して薬を処方してもらってたんですが、あるとき突然、薬を飲まなくなったんですよ。障害者手帳の更新も一時さぼっていたけど、特に困っている様子もなかった」

通院や手帳の更新が滞ったからといって、詐病と決めつけるのは早計ではないだろうか。しかし岩間さんは続ける。

「同棲中、僕が金庫に入れていたお金を勝手に使われたことがあります。問いただしたら、専門学校時代に学費を払うためにした借金の返済に充てたと。そんなこと初耳でしたし、証拠の書類も見せてもらっていない。本当かどうか、わかりゃしません。結局うやむやにされて、お金は返ってきませんでした」

なんとも……言えない。

「前夫にＤＶを受けていたというのも、絶対、嘘ですからね。結衣は平気で嘘をつく人間なんです」

〝我々〟は皆、「モラハラ夫」

移送された警察署では、岩間さんが酩酊《めいてい》していることが大きく不利に働いた。

「警察からすれば、酔っ払ってるオッサンが何を言ったところで信じません。ＤＶ野郎だと決めつけられ、とにかく家に戻るなと言われました。担当警官からは『戻ったらどうなるかわかってるな？』という無言の脅しを受けて、仕方なく、その後はしばらくビジネスホテルと友人の家を転々としました」

2週間後、裁判所から「申立書」が届く。申立人は結衣さん。配偶者から暴力をふるわれる可能性があるということで、岩間さんは結衣さんの住居（無論、岩間さんの住まいでもある）に近づけなくなった。いわゆる接近禁止令である。岩間さんは当然抗告したが、あえなく棄却。それには理由があった。

「実は子供が生まれてすぐ、結衣が大声でわめき始めたので、もう家にいられないと思っていったん家を出ようとしたことがありました。すると玄関を出たところで、結衣が『待て、この野郎！』と僕に追いすがってきて、その拍子に階段のところで勝手に転んだんです。僕はそのまま去り、しばらくして家に戻ったんですが、結衣と娘はいませんでした。

結衣は僕がいない間に、警察に『身の危険を感じる』と連絡して、一時保護されていました。僕はすぐ迎えに行きましたが、そこで警官に『もうこんなことはするな』と釘を刺されまして……。階段で転んだ怪我が、僕のせいにされていたんです」

この件が所轄の警察署に記録されていたので、警察としても裁判所としても「同じ夫が2度目の問題を起こした」と判断したのである。

「僕がいくら妻に手を上げてないと声高に叫んでも、周りの見方は違います。毎日のように酒を飲んで帰ってくる夫が、障害者手帳を持っている弱い妻に暴力をふるっていた。夫は疑り深く、妻の言うことを信じない。妻は疲弊し、外部に助けを求めた。それが一番、腹落ちする構図なんですから。ねえ?」

そう言って、岩間さんはこちらを一瞥した。

「我々は彼女のことをメンヘラだと思っていますが、メンヘラ妻からすれば、我々は皆、モラハラ夫ですからね」

岩間さんは、なぜか一人称を「僕」ではなく「我々」と言った。

親権より、実《じつ》を取る

結衣さんの手際はよかった。岩間さんのもとに離婚調停を希望する旨の連絡があり、婚費の請求と子供との面会交流が設定される。

依然として自宅に戻れない岩間さんは、約4カ月もの間、ビジネスホテルと友人の家を往復しながら会社通いを続けた。娘さんは結衣さんのもとにいるので、当然会えない。それは、離婚した場合の親権取得が絶望的であることを意味した。「継続性の原則」である。

「別居中に子の面倒を見ている親が〝監護者〟になりますから、結衣が親権を取れる確率が圧倒的に高くなります。どんなずるい手段であれ、とにかく子供を連れ去ったほうが親権を取れる。日本の現行法制下では連れ去り得、やったもん勝ち。結衣に、見事にハメられました」

岩間さんは弁護士とともに、もし自分が娘を引き取った場合、どのように監護できるかの計画を綿密に立案する。結衣さんと同居中、自分がどれだけ娘の面倒を見ていたかを示す資料も、大量に準備した。

「沐浴《もくよく》なども積極的に行っていましたし、どんなに深夜に帰っても、翌朝は娘のミルクを作っていました。保育園に行き始めてからは、朝の送りも毎日です。休日は娘にべったり。結衣のほうは、保育園が決まった途端に仕事を辞めましたから、『仕事をしている結衣の代わりに僕がやっていた』ということではありません」

しかし岩間さんは弁護士から、親権取得は難しいと最初にしっかり釘を刺された。結局1年ほどで調停離婚が成立。弁護士の言葉通り、親権は結衣さんへ。裁判には持ち込まなかった。

「僕は、長く親権を争っている方に批判されると思います。なんで諦めるんだ、裁判に持ち込んででも戦うべきではないかと」

でも、と岩間さんは肩を落とす。

「現実的に考えて、今の日本では、僕がどれだけ頑張っても親権を取れません。離婚を引き延ばしている間は共同親権者ですが、だからと言って受けられる恩恵はない。その間に子供はどんどん成長していきます。だったら僕は実《じつ》を取ろうと思いました」

岩間さんは婚費と養育費の算定表を出して、説明してくれた。

「僕の年収からして、離婚しないでいると結衣に毎月10万円の婚費を支払う必要がありますが、離婚して養育費になると毎月7万円になるんです。だったら、差額の3万円は娘の学資保険として成人まで積み立てたい」

しかも、もし裁判となって争いが引き延ばされれば、弁護士費用の負担も重くのしかかる。その分を1円でも娘に回したいんですと、岩間さんは言った。

「娘とは今、毎月1回、2時間だけ面会できます。決して多いとは言えないし、結衣はなんやかやと理由をつけて面会を妨害してくる。本当は24時間でも一緒にいたい。自分の娘なのに月に2時間しか会えないことについては、正直納得も整理もできていないですね」

子供は親を選べない

現在の岩間さんの生活に、経済的余裕はない。離婚成立後は少しでも生活費を節約するため、それまでよりも家賃の安い物件に引っ越した。再婚を希望するかと聞くと、今は子供のことが最優先なのでと話を遮られた。

「子供って、親を選べないじゃないですか。うちの両親は悪い人じゃなかったと思いますけど、僕と妹が大事な時期に、僕らの面倒を見てくれなかった。それで……というとすごく酷なんですが、僕はこんなんだし、妹はアル中で死にました。ダメだと思うんです、こういうのは」

少しの間《ま》のあと、岩間さんは続けた。

「結衣を擁護するみたいになるから、さっきは言わなかったんですけどね。結衣が両親から勘当された理由は最後まで聞けずじまいでしたが、彼女の父親については、まだ付き合う前に少しだけ聞いたことがあります。そこそこ名の知れた伝統工芸品の職人さんで、すごく厳しい人だったそうです。その父親に、結衣は日常的に手を出されていて……まあ、暴力をふるわれていたと」

父親からのＤＶが、結衣さんの生きづらさに関係しているのだと、岩間さんは言いたげだった。

「結衣が平気で嘘をつく人間だというのを、僕は許すことができません。僕は被害者だし、そんなに立派な人間でもないので。ただ、彼女がこの世界で生き延びるためには、嘘をついてでも他人を利用せざるをえなかった、とは思います。彼女は、自然体で他人を利用する。僕からも、前の夫からもＤＶを受けたと言う。言わざるをえなかった」

それでも、「元妻を擁護はしたくない、できるだけフェアな立ち位置で分析したい」と、岩間さんは注意深い。

「僕の酒癖がそんなに嫌なら、子供なんて作ろうとする必要はなかったと思うんですよ。夫婦仲も最悪でしたし。子供ができる前から、僕は結衣にとって決して良い夫ではありませんでした。なのに、彼女は子供を求めた」

なぜ？

「この世界で生き延びるために、必要なアイテムだったから」

岩間さんは、あえてトゲトゲしさを際立たせるように言った。「アイテム」と。

「結衣はいわゆる〝家庭〟を持ちたかったわけではないと思います。その点については、僕も同じですから、よくわかるんですよ。僕も、おそらく結衣も、普通の家庭というもののロールモデルを見たことがないまま、大人になってしまったから」

「子供は親を選べない」の意味が見えてきた。

「こういうのは、僕らの代で断ち切らなきゃ。親の不具合に子供を巻き込んではいけないんです。僕にできるのは、養育費と学資の積み立てと人生のいくばくかの時間を、娘に割き続けることくらい。その作業を結衣と共同でやるつもりが、まったくないというだけで」

昼下がりに始まった取材だったが、外はいつの間にか夕方になっていた。コーヒーだけで何時間も話し続けてくれた岩間さんに、メニューにあった安いワインを勧めると、「大丈夫です」と手のひらをこちらに向けられた。

第4章

この理不尽なる社会

Case #08

大平正太

パパはナンパ師

子煩悩のナンパ師

大平正太《おおひらしょうた》さん（30代）とは、週末の昼下がりに筆者自宅の最寄り駅で待ち合わせた。改札に現れた大平さんは、こざっぱりした真面目な営業マンといった風体で、小さな女の子の手を引いている。彼の娘、芽衣《めい》ちゃん（5歳）だ。

「今日は芽衣も僕も楽しみにしてたんですよ。よろしくお願いします！　この駅、降りたことないんですけど、なんかいい雰囲気っすね～」

快活で愛想がよく、底抜けに明るい。それが大平さんの第一印象だった。

大平さんのことは、筆者が長年懇意にしている女性編集者に紹介してもらった。彼女が大学時代に所属していた体育会系サークルの同期だそうだ。数年前に離婚の報が同期内で駆け巡った際には、皆が心を痛めたという。当時、芽衣ちゃんはまだ1歳だったからだ。

しかし、目の前の大平さんに悲壮感は微塵も感じられなかった。彼に「稲田《いなだ》さんに、あげるものがあるんだよね？」と促された芽衣ちゃんは、人懐っこい笑顔で「はい！」と紙袋を手渡してくれた。呼びつけたこちらが恐縮してしまうほど高級感のある、箱入りの洋菓子だ。

筆者の自宅に到着すると、大平さんは芽衣ちゃんをヘッドフォンでお気に入りのＤＶＤに集中させた。そのテキパキしたやり取り、優しく丁寧な言葉遣いから、大平さんが子煩悩であることが伝わってくる。実際、紹介してくれた女性編集者も「正太は娘をものすごくかわいがってるんですよ」と言っていた。

しかし取材開始早々、大平さんの言葉に面食らった。

「こないだ銀座でナンパした37歳の女性と、ゆうべ遅くまで六本木《ろっぽんぎ》で飲んで、そのまま千葉の彼女の自宅に行って泊まったんすよ。今朝は超早起きして僕の実家まで戻り、両親に預けてた芽衣をピックアップして来ました。ははっ（笑）」

14歳の少女から「会いたい」のメッセージ

泊まったということは、つまり、そういうことだ。聞けば、大平さんは大学時代からナンパが趣味で、結婚期間中と彼女がいる時期を除いては、毎週のように街に出るという。大平さんの口から「ワンチャン」「お持ち帰り」「セフレ」という言葉が次々飛び出す。「真面目な風体の子煩悩パパ」とのギャップが激しすぎる。

ただ、大平さんが芽衣ちゃんの母親と出会ったのは、ナンパではない。彼が20代後半のときのこと。

「僕は釣りが趣味だったので、特にアクセス数を集めようとかいう意図もなく、まったりと釣りをテーマにしたブログを書いていました。すると、女の子から個別メッセージが届いたんです。それがナオミでした」

大平さんはブログで顔出しをしていなかった。釣りの話題以外に明かしていたプロフィールは、性別と年齢程度。なのに、なぜかナオミさんのほうから「会いたい」と言ってきたという。

ナオミさんはブラジル人で、当時の年齢はなんと14歳、中学2年生だった。ごく一般的に言えば、20代後半の男性が恋愛対象にはしない年齢だが、なんと大平さんはナオミさんに会いに行ってしまう。

「何度目かのやり取りで送ってもらったプリクラ写真が、めっちゃかわいかったので（笑）。でも信じてほしいんですが、僕、ロリコンではありません。過去に交際した女性も普通の年齢でしたし、むしろ年上が好みです」

それは37歳をナンパしたことからもわかる。しかし、なぜ？

「当時は彼女もいなかったし、ナンパもうまくいっていない時期だったので、つい……。美人局《つつもたせ》かもしれないと多少は警戒しましたが、魔が差したんでしょうね。家から電車を乗り継いで3時間、X県のY町。超さびれた街です」

筆者も聞いたことがある名の町だった。ブラジル人の工場労働者が多く住む地域として、よく知られている。

「ところが、会ってみたら顔が完全に詐欺で、全然かわいくなかった（笑）。写真をかなり盛ってたんです。めっちゃケバくて、化粧が厚いんですよ。年齢は申告通りでしたが」

一緒にご飯だけ食べて帰ろうと考えていた大平さんだったが、思いのほかナオミさんと仲よくなり、最後には手をつなぐまでになった。しかも、次回会う約束まで取りつけてしまう。

「押しに弱いんですよね、僕（笑）」

彼女の実家で強引に……

2度目はナオミさんの家に招待された。

「かなり貧乏な家でした。小さな一軒家でしたが、とにかく粗末で、築年数も半端ない。生活レベルは部屋を見て大体察しました。典型的な貧困家庭という感じです。ナオミの家だけでなく、その地区全体が貧しいんですよ。近所のシャッター商店街には、昼間から座り込んで缶チューハイを飲んでいる人が何人もいました」

ナオミさんは四姉妹の末娘だった。

「大家族、なんとかの子沢山というやつです。上の姉ふたりはともに10代で結婚して既に家を出ていたので、ナオミの両親と、3番目の姉と、ナオミの4人暮らし。僕が行った日には、近所に住んでいる上の姉ふたりも来てくれて、7人で夕飯を囲みました」

食べ終わって大平さんが帰ろうとすると、今日は泊まっていったら、と家族ぐるみで引き止められた。娘よりうんと年上で初対面の男を泊めようとする親も親だが、大平さんは断り切れず、泊まることにする。その夜のこと。

「ナオミの部屋で布団を2つ並べて彼女と寝ていたんですが、突然ナオミが僕にキスしてきました。そして体を求めてきたんです」

大平さんは徹底的に拒んだ。相手はまだ14歳。しかも廊下を挟んだ部屋には両親や3番目の姉も寝ている。

「さすがに気が引けたので、『僕が警察に捕まるから、絶対にダメだ』みたいな言い方をして拒絶しました。すると、ポロポロ泣き始めるんです。私は年の差なんて気にしないと。どれだけ言っても引いてくれません。結局、僕が折れてしまい……。もちろんゴムは使いましたが……」

幸か不幸か、ナンパが趣味の大平さんは、いつ「ワンチャン」があってもいいように、常にコンドームを持ち歩いていたのだ。

「それから遠距離交際が始まりました。月に1度か2度、片道3時間かけて会いに行き、家に泊まってセックス。ロリコンの噂が立たないか、警察に捕まるんじゃないか、常に震えてましたよ。ははは（笑）」

大平さんは、なぜか明るく話し続けた。

家族でカネの貸し借り

「付き合ったはいいんですけど、ナオミとは最初から性格が合いませんでした。気分のアップダウンが激しくて、ガンガン詰めてくるかと思えば、ものすごいわがままを言って泣きじゃくる。だけど彼女のほうがずっと年下だったので、僕はずっと我慢していました」

ふたりの間には喧嘩が絶えなかった。原因の大半はお金だ。

「ナオミはカネ遣いがめちゃくちゃ荒いんです。僕は毎月1万〜2万円くらい貸していましたが、全然返してくれない。それで僕が返してくれと言っては、揉める。その繰り返しでした。ナオミは交際中にとある事情で高校を辞め、ファストフード店と居酒屋を掛け持ちしてバイトしていましたが、バイト代を何に使っていたのか、さっぱりわかりません。ちなみに、実家には1円も入れてませんでした」

その実家というのが、また異常だった。

「ナオミの家族は、家族同士でカネの貸し借りをしていました。父親はろくに働かない酒浸りで、家族に暴力を働くクソ野郎。ナオミもよく殴られていたそうです。母親も暴力を受けていたそうですが、依存心が強くて夫から離れられない。家はローンを組んで買ったものだそうですが、たまにガスが止まるほどの貧乏でした。毎月のローンが払えず、僕がその一部を払ったことも何度かあります」

ちなみに、当時の大平さんはひとり暮らし。毎月の給料手取りは20万円。月1〜2度の往復交通費に加えて月1万〜2万円をナオミさんに渡し、ローンの肩代わりまでしていては、当然家計が持たない。そのため大平さんは、週末を使って引っ越しバイトなどのダブルワークを始めた。

貧乏とは、そういうこと

それにしても、不可解だ。大平さんはナオミさんとは性格が合わず、結婚もしていないのに彼女の実家に金銭的援助までしている。弱みを握られているわけでもなし、一方的に連絡を絶てばそれで関係は切れるのに、なぜそうしなかったのか？

「うーん、なんでしょうね。僕、押しに弱いんですよね（笑）」

大平さんの口からまたも出た、〝押しに弱い〟という言葉。

「家族はともかく、ナオミがカネ目当てで僕と付き合っていることは、早い段階でわかりました。年上で普通に働いていて、定収入のある男だったら、誰でもよかったんでしょう。ナオミは釣りなんてもちろん興味ないですし。それこそ釣り糸をたくさん垂らして、最初に引っかかったのが僕だったんだと思います。ははは（笑）」

ひとしきり笑ったあと、大平さんは表情を戻し、向き直って言った。

「そうでもしないことには、あの家から逃げ出せないと踏んだんでしょうね。あのスラム街みたいな近所と、荒れ放題の家の中を見て、よくわかりました。貧乏ってそういうことなんですよ。ナオミは、早々と結婚して家を出たふたりの姉みたいに、早くここから逃げ出さなければと焦っていました。

ナオミにとって僕は金ヅルでしたけど、自分を家から出してくれる切り札でしたし、おそらく父親代わりでもありました。娘を殴る父親なんてね、ほんと……ありえないですよ。ナオミの性格は最悪でしたけど、それだって家庭環境のせい。貧乏ってね、そういうことなんですよ」

「貧乏ってそういうこと」と2度も重ねる大平さん。そこで思い出した。大平さんを紹介してくれた女性編集者の言葉を。

「正太、大学2年のときにお父さんがリストラされて、大学の授業料が払えないから大学辞めなきゃいけないかもって言ってきたんです。当時はサークル同期の間で大騒ぎになりました」

しかし取材中、このことは大平さんの口から一切語られなかった。

17歳の母

芽衣ちゃんが「パパー」と大平さんを呼ぶ。トイレに行きたいようだ。大平さんが「ちょっとすみません」と話を中断し、手を引いて連れて行った。パパと手をつないで嬉しくなったのか、機嫌よく小躍りする芽衣ちゃん。戻ってきた大平さんは言った。

「女の子なんでね、何か悪さしたとき、どこまで強く叱っていいかわからないんですよ。僕、ほっとくと言いすぎちゃうんで。反省してます」

しかし大平さんが芽衣ちゃんを厳しく叱りつけている場面を、まったく想像できなかった。それほどまでに芽衣ちゃんは大平さんに心を許し、懐いている。

その芽衣ちゃんの命がナオミさんのお腹に宿ったのは、今から6年前、ナオミさんが17歳のときのことだ。

「ナオミは最初からずっと、子供が欲しい、欲しいと言っていました。子供を作れば結婚できる。結婚すれば家を出られるからです。家を出ていたナオミのお姉さんのうちのひとりも、16歳で子供を作っていました。ただ、僕はずっと拒んでいて、避妊は絶対に怠りませんでした。ナオミが母親になるにはさすがに若すぎましたし、関係もうまくいっているとは言えない。だけど、映画の『美女と野獣』を観に行ったら僕も子供が欲しくなっちゃったんですよ」

ここで言う『美女と野獣』は、１９９１年公開のディズニーアニメ版でも、２０１７年公開のハリウッド実写版でもない。２０１４年に公開された、フランス・ドイツ合作による実写映画（監督：クリストフ・ガンズ、主演：レア・セドゥ）だ。

「有名なアニメ版やハリウッド版と違って、すごく暗い映画なんですよ。なぜ王子から野獣になったのかの理由を、過去の回想で詳しく描いてるんです。で、その王子がまだ人間だった頃、

『世継ぎが欲しい』みたいなことを言っていて、ああ、僕も子供が欲しいなあと」

この映画は取材後に筆者も観てみたが、正直、大平さんの言葉はピンと来なかった。むしろ気になったのは、ラストで野獣と結ばれる女性主人公・ベルの家庭環境のひどさだ。裕福な商人だったベルの父親は没落し、一家まとめて貧乏のどん底に叩き落とされる。ベルには3人の兄と双子の姉がいるが、末の兄を除いては富に執着し続ける醜悪な人間性の持ち主。彼らはベルの足を引っ張っている。

貧困家庭育ちのナオミさんと、父親がリストラされて大学を辞めなければならない危機に陥った大平さん。それぞれの状況が、この映画にうっすら重なった。

「ナオミの父親は、ナオミが18歳になるまでは結婚を許さないと言っていました。だけど僕らは、先に子供を作って既成事実を突きつければ、彼も結婚を認めざるをえないだろうと考えたんです」

妊活を始めて3カ月で、ナオミさんの妊娠が発覚する。このとき、ナオミさんは17歳。

「心から子供が欲しかったので、『よしっ』とガッツポーズしましたね。そこで初めてうちの親にナオミのことを報告したら、相手の年齢に呆れてはいましたが、一応認めてくれました。ナオミの父親も『頑張れよ』と」

結婚式はしなかったが、婚姻届を提出し、ふたりは晴れて夫婦に。ナオミさんはついに実家を抜け出すことができた。

しかし、大平さんに安寧は訪れない。

ぶっ殺そうと思った

「結婚してからのほうが、喧嘩が激しくなりました。原因はやはりカネです。ナオミはとにかくカネをくれ、カネが足りないと。妊娠してからの彼女は専業主婦でしたが、金遣いがとにかく荒い。毎月お小遣いで4、5万円は渡していたんですが、結婚前と同じく、何に使っているかわからないんです。昼間、僕がいないときに食事を作るのが面倒で、頻繁に出前を取っていたみたいですが、それで僕が怒り、ナオミも言い返す。そんな衝突ばかりでした」

結婚してふたり暮らし用のマンションに引っ越したので、家計は窮乏した。そこで大平さんは週末のダブルワークをさらに増やす。

ほどなくしてナオミさんが芽衣ちゃんを出産した。しかし……。

「やっぱりお金が足りないからと、ナオミはガールズバーで働き始めました。僕が帰宅したら芽衣の世話を僕にバトンタッチして、働きに出る。月に40万円くらい稼ぐんですよ。なのに、それでも僕にお金を借りようとする」

そのうち、ナオミさんが家であまり口をきかなくなった。ガールズバーと家を往復するだけのナオミさんに業を煮やした大平さんは、意を決して問いただす。

「『結婚生活を続けていく気あるの？』と聞いたら、『ない。芽衣を連れて出ていく』。僕は頭が真っ白になり、芽衣を取られてしまうと思って、その場で号泣してしまいました」

しかし翌日、冷静になった大平さんは一芝居打つことにする。

「ナオミの真意を聞き出そうと思い、大げさに土下座をしました。『今までお金を返せなんて言って悪かった』と。悪いなんて全然思っていませんでしたけど（笑）」

その姿が憐れみを誘ったのか、ナオミさんはすべてを話し始めた。

「ガールズバーで働き始めてから、ものの1週間で彼氏ができたそうです。相手は店の客。稼いだカネは彼氏に服を買ってあげたり、飲みに行って豪遊したりしてたみたいですね」

大平さんは改めて、結婚生活を続ける気があるのかを問うた。

「『芽衣もねー、どうしよっかなー、正直育てられないんだよねー』と、軽く言い放たれました」

今までにこやかに話していた大平さんの目から、笑みが消えた。

「そのとき僕、こいつをぶっ殺そうと思いました。もはや浮気したことなんて、どうでもいい。あまりにも軽すぎます。子供はアクセサリーじゃない、一体何を考えてるんだと、怒りが収まりませんでした。手は出しませんでしたが、かなり強い言葉で責め立てて……。誰かに殺意を抱いたのは、後にも先にもこのときだけです。でも、そんなことしたら芽衣と一生会えなくなると思って、こらえました」

「本当に、バカなやつです……」

その後はとんとん拍子だった。大平さんは探偵を雇い、浮気相手を特定。風貌は「湘南乃風《しょうなんのかぜ》のメンバーみたいなガテン系」だったという。

「僕が一番譲れなかったのは芽衣の親権ですが、離婚届の『夫が親権を行う子』の欄にしれっと『大平芽衣』と書いてナオミに渡したら、特に何も言わずに署名して戻してきました。拍子抜けしたので一応確認すると、『育てらんないから任せるよ』。どこまでクソなんだと思いましたね」

ところが離婚後しばらくして、親権を手放したナオミさんが激しく後悔しているということを、大平さんは人づてに聞くことになる。

「芽衣の親権を放棄したことを後悔して何度もリストカットを繰り返し、障害者手帳を持つほど重度の鬱状態だと聞きました」

それは……、と言いよどんでいると、大平さんは続けた。

「バカなんですよ、ナオミは。本当に、バカなやつです……」

嘲笑でも慈愛でもない、一言では言い表せない複雑な感情が、大平さんの口ぶりからうかがえた。

ちなみに、探偵を使って浮気の証拠をつかんだ大平さんだったが、離婚にあたっては、ナオミさんに慰謝料を請求していない。

「父に言われたんですよ。慰謝料なんて請求したら、恨みに恨みが重なっていいことないぞって」

大平さんの父親は、かつてリストラに遭った張本人である。経済的窮乏が人間をどんな地獄に叩き落とし、どんな感情を催させるかは、彼も、大学退学の危機に晒された大平さん自身も、痛いほどわかっていただろう。「ただでさえ万年金欠のナオミさんに、多額の慰謝料が課せられたら？」を想像しなかったはずはない。

マッチングアプリで傷ついた

大平さんは離婚成立後、芽衣ちゃんと住むための中古マンションを、両親の住む実家近くにローンで購入した。

「両親が芽衣を見てくれているので、なんとかかんとか育てることができています。芽衣は週に1回、両親宅でお泊まりなんですが、ナンパをするのはそういう日ですね。夜、帰ってこなくてもいいんで。飯行ったあとに、ワンチャンあるかもしれない（笑）」

呆れると言うべきか、バイタリティがあると言うべきか。しかし大平さんに再婚の意思はない。

「会社関係で出会いはまったくないので、離婚後にマッチングアプリで再婚相手を探した時期もありました。2年くらいは頑張ったかな。芽衣にお母さんがいないのは、かわいそうかなと思って。だけど……厳しかったですね。なんなら、離婚するときよりも、マッチングアプリで相手探しをしているときのほうがつらかった。わりと、人間不信になって……はは（笑）」

今までの笑いとは違う、力のない笑いだった。今まではどんな暗い話も能天気に笑い飛ばしていた大平さんの顔が、スッと曇る。

「バツイチ子持ちの状況と年収を正直に書いたんですけど、『私より年収の低い人は論外』とか普通に言ってくるし、離婚した状況を伝えると、『押しに弱いあんたが悪い』と説教されるしで。痛いとこばかり突かれて、とにかく疲労しましたね。何人かと会いましたが、傷つくだけの2年間でした」

再婚直前まで行きかけた看護師の女性もいたそうだ。

「ディズニーランドまで行ったんですけどね。あるとき、はっきりと言われました。『私、年収の低い人とは付き合えないです』って。今はもう、再婚なんてしなくていいやと思ってます。芽衣との生活にお金を使いたいし、早めにマンションのローンも返し終えたいなって」

大平さんは今まで以上にダブルワークに精を出している。

「派遣の仕事をガンガン入れてますし、ネットで株式売買もやってます。手取り20万じゃ全然足りないんで。でも、今は人生で一番楽しいっすね。芽衣がすくすく育ってるし、たまに息抜きで釣りもナンパもできますし（笑）。いやー、ナンパ楽しいっすよ」

ナンパは公平

また、ナンパの話だ。やはり大平さんがここまでナンパにこだわる理由がよくわからない。しかも再婚相手を探すためのナンパではない。あくまで「ワンチャン狙い」と言い切る。

「YouTubeやTwitterに有名ナンパ師の人がいるんですけど、それを見ていろんなテクニックを勉強しています。最初から下ネタの話はしないとか、女の子の好きなタイプをストレートに質問してはいけないとか」

細かいテクニックを楽しそうに解説する大平さん。どうしても「子煩悩」と「ナンパ師」のミスマッチが解消できない。だが、大平さんの次の説明にはっとさせられた。

「ナンパって、みんなに公平なんですよ。男の年収や年齢、バツイチかどうかや子持ちかどうかが、成功率に関係しないいんです。その場で自己申告するわけじゃありませんからね。狙った女の子の目の前にいる自分、そのトーク一発で勝負できる。気に入ってくれたら飲みに行けるし、ワンチャンもある。話がつまんなかったら、ついてきてくれない。ただそれだけです。努力すればしただけ成功率が上がる。それって、すごく公平だと思いませんか?」

そう言われれば、うなずくしかない。「マッチングアプリと違って……」と言いかけると、そこにすかさずかぶせてきた。

「ええ、マッチングアプリと違って、前もって開示したプロフィールで品定めされたり、人生にダメ出しされたりすることもありませんしね（笑）」

　そういえば、ナオミさんと交際するきっかけになった大平さんの釣りブログにも、大平さんのプロフィールは年齢と性別程度しか公開されていなかった。好きな釣りのことを、ただ一心に書いていていただけだ。そんな少ない情報だけで突然連絡してきた素性の知れぬ少女の「会いたい」に、大平さんは応えた。

　取材を終えて大平さんと芽衣ちゃんを駅まで送り、彼を紹介してくれた女性編集者に「なぜかナンパの話で盛り上がりました」とＬＩＮＥで報告すると、こんな返事が返ってきた。

「そうそう、当時、正太が突然ナンパにハマり出して、サークルのみんなで呆れてたんですよ。ちょうど、彼が大学を辞めなきゃいけなくなったけど、なんとか辞めなくてもよくなったくらいの時期です。何か、思うところがあったんですかね」

Case #09

いつか南の島で

小林徹

一緒に来なかったら、一生牢屋《ろうや》だぞ！

東大卒のフリーランス編集者、小林徹《こばやしとおる》さん（36歳）は、別居中の妻・初美《はつみ》さん（36歳）から離婚裁判を起こされている。ふたりの間に子供はいない。離婚を希望しているのは初美さん。その理由は「夫に〝モラハラ〟を働かれた」から。しかし小林さんは、離婚に応じる気はないという。

最初にそう聞いて、戸惑った。妻に精神的DVを働いた夫の弁解に協力するルポなど、書きたくはない。ボツにする可能性を頭の片隅に置きながら、半ば諦めの気持ちで話を聞き始めた。

「僕と初美の関係を理解していただくには、僕の生い立ちからお話ししたほうがいいと思います。ちょっと長くなるんですが、いいですか？」

小林さんは、北陸のY県に生まれた。兄弟は8つ離れた兄と、3つ下でダウン症の弟。

「僕が10歳のとき、父親が家を出ていきました。母からは単身赴任だと聞かされていたのですが、父はいっこうに帰ってこない。母にいくら聞いてもはぐらかされました」

小学校の卒業式の日、真相が判明する。

「学区の公立中学へ普通に進学すると思っていたので、同級生と中学の制服を買いに行きたいと母に言いました。すると母は、引っ越すからお前は皆と同じ学校には行けない、と。しかも、母は父とは2年前に離婚しており、自分は再婚まで済ませてあると告げられました」

驚き、混乱する小林さん。大好きだった父親とまた一緒に暮らしたい、引っ越したくないと母親に抗議すると、叩かれた。小林さんはトイレに籠城。すると、ドアの外から恐ろしい脅迫が飛んできた。

「『お前のせいで離婚したんだ！』『一緒に引っ越さなかったら、お前を警察に突き出す。一生牢屋だぞ！』って。まだ子供だったので信じました。恐怖でしたね」

既に大学生だった兄だけは地元に残り、小林さん、母親、ダウン症の弟と3人で、関東地方のZ県郊外に引っ越すことになった。

離婚の理由はダウン症の弟

小林さんの母親は、離婚の理由を「父親の浮気」と子供たちに説明していたが、小林さんが本当の理由を知ったのは、それから15年後のこと。自力で父親を探し出し、直接聞いたという。

「母は地元旧家の出、いわゆる〝いいとこの家系〟だったのですが、父は母の親戚一同から『ダウン症の子が生まれたのは、お前のせいだ』と、ずっと責められていたそうです。父はそれで肩身が狭くなり、別れざるをえなくなったと僕に謝罪しました。実はうちの兄も、地元で結婚寸前に、兄弟にダウン症がいるからという理由で婚約を破棄されています。そういう地域なんです」

ただもう、ひどい。

「父を一番責めていたのは、母方の祖母です。祖母は親族の中で最も権力が強くて、実の娘である母も、祖母には言い返せませんでした。しかも僕ら一家は、祖母が所有する土地に住まわせてもらっていたので、その点でも強く出られない。一軒家が2つ並んで建っていて、一軒に祖母、もう一軒に僕たち家族が暮らしていました」

小林さんの母親の結婚生活は、総じて幸福ではなかった。

「父と母は結婚後、父の仕事の関係で南米のペルーに行きました。僕はペルー生まれなんです。ただ、父と兄はスペイン語をしゃべれましたが、母はまったく話せず、孤立していました。僕も小さくて母の会話相手にはならない。かなりストレスを溜めていたと思います」

弟さんが生まれるタイミングで帰国。しかし、母親の実家は冷たかった。

「Y県の田舎からすると、あるいは祖母世代の感覚としても、ペルーは〝未開の地〟呼ばわり。よくわかんない国に行って、障害のある子供をこさえて、お前の旦那の遺伝子は汚れてるんじゃないか？　という扱いを、祖母や親族から受けたようです」

醜悪極まりない偏見と差別意識だ。虫酸《むしず》が走る。

「母は若い頃ピアノ教師でしたが、ダウン症の弟が小さい頃は、つきっきりで面倒を見なければならない事情もあり、結婚後はもちろん離婚してからも、一切働いていませんでした。父親から養育費はもらっていましたが、基本的に僕たち一家は祖母に養ってもらっていたんです」

小林さんの祖母は、生保レディとして当時まだバリバリの現役だったという。

地獄の新生活

Z県で待っていた母親の再婚相手は、彼女があるボランティア団体で知り合った男性だった。

「実態は宗教団体です。父親がいなくなって以降、自宅で早朝4時くらいから毎日集会が行われていました。その団体のZ県支部に所属していたのが、再婚相手である継父です。交流会か何かで知り合ったのでしょう。彼もバツイチで、大学生の息子と10代後半の娘がいたんですが、ふたりとも引きこもりで、娘のほうはダウン症。ダウン症の子を持つ親同士、母と悩みをわかり合える部分が多かったんだと思います」

しかし、新生活はたった3カ月で破綻する。

「母と継父が、毎日激しく喧嘩するようになりました。喧嘩の理由はおもにお金。母は働いておらず、継父の収入に頼り切っていましたが、『これっぽっちのお金で養えるわけがない』と文句。継父は『お前らなんかに払える金はない』と言い返す。母は最初からお金目当てで結婚したので、継父の収入が思ったより低かったことに落胆したんだと思います」

喧嘩の仲裁役は、いつも小林さんだった。

「手も出るし、食器も飛ぶ。僕は、なんとかふたりを別々の部屋に引き離し、双方の言い分を聞いて相手に伝える伝言役でした」

当時の小林さんは中学1年生、まだ12歳である。

「喧嘩が始まると、弟が恐怖で耳を塞いで震えてるんです。ダウン症の子は心が綺麗だから、すごくおびえてしまう。なんとかしなきゃと必死でした。継父の連れ子のふたりは部屋から出てこないので、一切頼れませんし」

小林さんが友達と学校から帰ってくると、家の前の道で早くも母親の「助けてー」と叫ぶ声が聞こえる。急いで家に入り、仲裁する。そして隣近所に、「うるさくてすみませんでした」と謝りに行く。そんな毎日が続いた。

「いちいち自分の感情を持っていたら、やっていけない。だから自分の感情はいっとき脇に置いて、とりあえずこの問題を解決する。そういう思考の癖がつきました。そうしないと生きていけなかったので」

名実ともに、12歳の少年が家庭を回していた。典型的なヤングケアラーだ。

「連れ子の娘さんのダウン症は僕の弟より深刻で、家に誰もいないと、とにかく暴れる。冷蔵庫の中のものを、ぐちゃぐちゃに食べ荒らしちゃうんです。だから学校から帰ったら、まず家の中を片付けるのが日課でした」

「主に感謝」の右手で殴ってくる継父

母親の再婚相手は、小林さんに暴力をふるった。

「継父はクリスチャンでしたが、夕食時、両手を組んで『主《しゅ》に感謝します、アーメン』と言ってるそばから、その右手で僕を殴るんです。なぜ殴られるのか、わけがわかりませんでした。社会っておかしなことが起こるんだな、と……」

Z県にやってきて間もなく1年が経過する頃、いよいよ両親の喧嘩が苛烈を極める。ある日曜の朝、継父が教会に行っている間に、母親は小林さんを叩き起こす。

「日を血走らせた母が、段ボール箱に好きなものを詰めろと言うんです。わけもわからず詰めて持っていったら、『これを実家に送る。もうこの家には戻らないからね』と。夜逃げならぬ、昼逃げです」

しかし小林さんは抵抗する。学校でせっかく友達もできたし、まだ1年生の途中。せめて終業式まではいさせてくれと懇願すると、母親はしぶしぶ承諾した。

「ただ、母はヒステリー状態になっていて、継父に見つかる可能性がある最寄り駅には近づきたくないと言って聞きません。そこで、電車で数駅離れた駅の周辺にあるいくつかの安宿を、終業式までの2ヵ月間くらい転々としました。3畳か4畳の一間《ひとま》みたいなところです。中学までものすごく遠くなってしまったので、毎朝、始発電車とバスを乗り継いで、部活の朝練に行っていました」

小林さんいわく、当時の母親は明らかになんらかの精神疾患を抱えていたそうだが、通院はしていなかった。いずれにしろ、中1の子供にはどうすることもできない。

現実を直視できない母

終業式後、小林さんが中学2年生になるタイミングで、親子3人はY県に戻った。祖母の土地に建つ家に出戻ったのだ。

「旧家だけあって、祖母をはじめ母方の親族は、結婚や離婚にはかなりうるさいんです。Y県を出ていくとき、既に親戚から縁を切られるくらいの勢いだったので、戻ってきてからの風当たりは相当なものでしたね。祖母は『それ見たことか』と母をなじり倒しました」

実の娘に「大変だったね」の一言もない。小林さんの母親と祖母は、同じ敷地内で毎日のように大喧嘩した。親族は全員、祖母の味方。小林さん一家は孤立し、母親の精神状態は悪化の一途をたどっていく。

驚くべきことに、小林さんの母親は現在に至るも、再婚相手と離婚していないという。

「現実と向き合えない人なんです。離婚手続きすらできないし、やりたくない。婚姻関係があるまで別居していて無収入ですから、本来なら再婚相手の継父に婚費請求ができたはずなんですが、それもしなかった」

小林さんは現在、大好きだった実の父親の姓を名乗っている。戸籍上は再婚相手の姓のままだが、絶対に名乗りたくなかったという。

「中学の卒業証書には継父の姓が書いてあったので、もらってすぐ破り捨てました」

人の心を知りたい

家計収入はゼロのまま。祖母に養われ、ほそぼそと暮らす日々が続いた。それまで勉強とは縁がなかったものの、小林さんは勉学に励み、高校は県下きっての公立進学校へ。そして一浪ののち、なんと東大に合格する。

「ずっと、高校を出たら働くものだと思っていました。兄が大学に通っていたとき僕は小学生だったので、あまりわかっておらず……。あとで知ったんですが、家の収入がゼロだったため、兄は奨学金制度で大学の授業料が免除されていました」

外資系の一流企業で働いていた兄は、高2の小林さんに高等教育機関である大学の意義を教え、温かい手を差し伸べてくれた。

「会社の遠隔地手当をうまく使うと、国公立大学の授業料くらいならまかなえることが判明したんです。何を勉強したい？　と聞いてきた兄に、僕は心理学がやりたいと答えました」

心の病や障害を持つ家族に囲まれて育った小林さんが、最も探求したかったこと。それは「人の心のしくみ」だった。

「すると兄は、じゃあ東大に行けって言うんです。兄は心理学科の知識などなかったので、良くも悪くも適当に言っただけだったのですが」

しかし、塾に行くような金はない。小林さんは自力で猛勉強した。学校の図書室が閉まったあとは予備校の自習室に潜り込み、そこも閉まると24時間開いているオフィスビルの非常階段で、深夜2時、3時まで参考書とノートを広げる日々。深夜に帰宅しても、母親は何も言わなかった。息子に無関心だったのだ。

現役合格は叶《かな》わなかったが、浪人中に通った予備校では特待生だったので授業料は全額免除。一浪して、見事合格する。東大では心理学や精神医学を心ゆくまで学んだ。

「普通の大学の心理学科は精神疾患について学べませんが、東大はちゃんと学べる貴重な場所だったと、東大に入ってから知りました」

学科内ではトップクラスの成績だった。

統合失調症の本でつながったふたり

東大を卒業した小林さんは、都内にあるビジネス書の出版社に就職。2年目に、のちの妻・初美さんと出会う。

「初美との出会いは、出版スクールの懇親会です。出版スクールというのは、著者としてビジネス書や啓発書などを出したい人が通う学校のこと。彼女は仕事をしながらそこに通っていて、当時まだ出版社の新人編集者だった僕は、その学校で講師を務める会社の先輩のお供として、パーティーに出席していました」

パーティーの席で初美さんは、たまたま読んでいた統合失調症に関する本が、小林さんが企画・編集を担当したものだと知る。小林さんが大学で学んだ心理学や精神疾患の知識をフルに生かした本だ。

「こんな素晴らしい本を作ってくださり、ありがとうございました！　と、お礼を言われました。実は、初美の弟さんも統合失調症を患っていたんです」

それをきっかけに、小林さんと初美さんは同世代のライター、ブロガー、編集者による勉強会サークルで、定期的に顔を合わせるようになる。

友人関係のまま数年が経過するうち、徐々に距離が縮まり、やがてふたりは交際に至る。しかし、心理学や精神疾患に通じていた小林さんは、早々に気づいた。

初美さんもまた、精神疾患を抱えていることに。

双極性障害で男性恐怖症

「初美は双極性障害、いわゆる躁鬱《そううつ》と診断されていました。気分の上下がものすごく激しいんです。躁状態の時期はろくに眠らなくてもアイデアが次々と浮かぶし、ハイテンションで自己肯定感も高い。だけど鬱状態ではすべてが無気力になり、被害妄想に囚われ、僕に当たり散らす。僕との交際前から通院も投薬も続けていました」

そのせいか、初美さんは外出も人と会うのも苦手だった。趣味はゲームや漫画を読むこと。徹底してインドア。しかし、そんな内向的な人間が、なぜ出版スクールに通っていたのか。

「初美は極度の男性恐怖症で、男性から何か言われると、言い返したり拒否したりができないんです。当時はブラック体質のコールセンターで働いていて、かなりストレスを溜めていたんですが、男性上司が怖くて退職を言い出せない。初美は意を決して転職フェアに赴きました」

東京ドームで開催されていた転職フェア。そこで件の出版スクールの代表が講義をしていた。初美さんは少しだけ話を聞こうと、ブースに近づく。

「そこの男性スタッフからの勧誘を断り切れずに、入学を決めてしまったそうです」

高額の入学金を払い込んで入学。そこにいたのは、「ベストセラー本を出して成り上がりたい」という、前のめりでギラギラした人たちばかり。内向的で人嫌いな初美さんとは正反対もいいところ。

しかし初美さんは「ここで何もしなかったら、周りから変な目で見られる」ことに底知れぬ恐怖を感じ、人一倍真面目に授業を受け、意欲的に課題をこなした。

自己実現のために頑張ったのではない。人からどう見られているのかが怖い、どう評価されているのかが不安でたまらないから、全力で切り抜けたのだ。

惹かれ合うふたり

「あるとき、著者やライターが集まる勉強会サークルのメンバー宅で家飲みが開催されましたが、部屋に瓶ビールの栓抜きがなかったんです。すると、それに気づいた初美が『私、やります』と言って、素手で開けようとし始めました。手は血まみれ。皆が止めているのに、やめようとしない」

普通に考えれば、ただの奇人だ。しかし小林さんは、雷に打たれたような衝撃を受ける。

「困っている皆を放っておけない初美に、ものすごく感動しました。こんなにも自分より他人のことを考えて行動している人には、今まで会ったことがなかったので」

母親と再婚相手との喧嘩仲裁やダウン症の弟の面倒など、子供の頃から自分の感情を脇に置かなければ生きていけなかった小林さん。

外界におびえながらも、なんとか生き抜こうと努力をやめない初美さん。

ふたりは惹かれ合う。

「今まで出会った人の中で、一番心が綺麗な人だと思いました。初美は、生まれて初めて心を許せた人が徹くんだよ、と言ってくれました」

初美さんにとって小林さんは、生涯で初めての交際相手だったそうだ。

モラハラ編集長のせいで病状が悪化

出会って間もなく入籍したふたりは、都内のマンションで同居を開始。1年後に控える結婚式の準備を進めていった。ところが、入籍直後から初美さんの症状が悪化する。

「初美は出版スクールを卒業後、コールセンターの仕事を結局やめられないまま、そこでの日々をブログに書き綴っていました。すると、それがある出版社の目にとまり、晴れて本を出すことができました」

初美さんは作家としてデビューすることができた。

「その後もいくつかの出版社で執筆活動をやっていたんですが、そのうちの1社がひどい出版社で……。初美が言うには、モラハラを働く男性編集長に無茶なスケジュールと理不尽な全面書き直しを強要され、だまし討ちみたいな契約内容も結ばされたというんです」

男性恐怖症の初美さんは、断ることも、言い返すこともできない。すべての理不尽な要求を、その場では嬉々《きき》として承諾しては、帰宅後に小林さんの前で号泣していた。

しかも初美さんのコールセンター勤務は15時半から23時なので、執筆は深夜から朝方にかけて。昼夜逆転生活がたたり、初美さんの心身はすっかり疲弊してしまう。

「僕はその出版社から仕事を引き揚げる提案もしましたが、初美に激しく抵抗されました。初美にとって本を出せたというのは人生で初めての成功体験でしたし、文筆の仕事は彼女の大事なアイデンティティでもある。しかし何より、モラハラ編集長が心から怖くて逆らえなかった。どんなに理不尽であっても、仕事を投げ出すことは彼女にとって死にも等しい」

そもそも、コールセンターはストレスを溜めやすい職場だ。

「客からの『お前なんて使えない』『今からクレーム言いに行くから待ってろ！』といった罵詈雑言や脅迫は日常茶飯事。初美はそのストレスを家にまで持ち込んできてしまうんです」

妻に首を絞められる

帰宅後、一度スイッチが入ってしまうと、初美さんは我を忘れて暴れ、小林さんに当たりまくった。ものを投げる、包丁を振り回す。そして、小林さんの首を絞める……。

初美さんが暴れている最中、小林さんがスマホで撮ったという動画を見せてもらった。数年前のものだという。動画には恐ろしい光景が映っていた。

初美さんが小林さんの首を絞めながら馬乗りになり、恍惚《こうこつ》の表情を浮かべている。激しく揺れる画面。初美さんは「徹、死ぬかな？　徹、死ぬかな？」とつぶやき、徹さんは、「あぁぁぁぁーー、あぁぁぁぁぁー、やめてー」と、うめきながら叫んでいる。

小林さんが解説を挟む。

「初美、リミッターが外れているので、ものすごく力が強いんですよ」

動画の初美さんが言う。「私のこと……嫌なんでしょ？　敵だ、敵だあー」。敵とは徹さんのことを指しているようだ。

「被害妄想が激しいんです。僕が何も言っていないのに、『私に向かってそんなことを言うの⁉』『なんで私のことをもっと考えてくれないんだ！』『じゃあ私が死ねばいいの⁉』って。でも、それは全部、精神疾患に伴う妄想や幻聴が原因です」

心理学と精神疾患を専門にしていただけあって、小林さんは冷静だ。

「一度暴れ出すと、2、3日はこの調子でした。ただ初美は、朝になったらちゃんと仕事に行く。人前では〝自分はおかしな人間であってはならない〟という規制が働くから、何十人の前で話ができたりもする。で、帰ってきたらまた暴れる。当時の僕は朝6時頃まで暴れる初美に付き合い、少しだけ寝て、9時に出社。そんな日々が続いていました」

やがて動画の初美さんは、小林さんの手にスマホが握られていることを確認すると、不気味な笑みを浮かべながら言った。

「何がしたいのー？　何がしたいのー？　携帯使って何がしたぁいのぉぉぉぉ？」

背筋が凍った。こんなことが家庭内で頻繁に起こっているとは。しかし、もっと驚いたのは小林さんの次の一言だった。

「初美は暴れている間の記憶が一切ないんです」

風邪を引いてくしゃみをするのと一緒

そもそも小林さんがこの動画を撮った理由は、初美さんが望んだからだ。

「『どうやら私は徹くんに暴力をふるってるみたいだけど、記憶がなくなるの。だから次に暴れたら動画で撮っておいてほしい』と言われました」

実際、暴れるのが収まるごとに初美さんはとても反省し、落ち込み、自己嫌悪に陥っていた。愛する人を傷つけてしまったこと、それを制御できない自分の腑甲斐なさ。しかし小林さんは、それを最初からちゃんと理解していた。

「暴力は初美の意思ではありません。やりたくてやってるんじゃない。風邪を引いてくしゃみをするのと、精神疾患の発作で殴っちゃうのは、一緒だと思っています」

小林さんは認知行動療法を取った。一度暴れたら、直後にその場で「どうしてこうなったか、考えよう。もう一度、落ち着いて振り返ってみよう」と初美さんに優しく問いかけるのだ。

粘り強く続けると、やがて初美さんから、「徹くんが私のことを心配してくれている気がする」「死ねなんて言ってないよ」という言葉が出てくる。やがて、「そういえば、あなたを殴ったかもしれない」と認めるようになる。それを暴れるごとに繰り返す。終わりの見えない試練の夜が幾晩も続いた。小林さんは初美さんと向き合うことを諦めなかった。

妻は父親から暴力を受けていた

壮絶な日々の中にあっても、結婚式の準備は進められていた。初美さんはここでも小林さんを困らせた。「呼びたい友達なんてひとりもいない。両親も呼びたくない」。友達はともかく、新婦の両親がいない結婚式などありえない。よくよく聞いてみると、驚愕《きょうがく》の事実が判明する。

「初美は幼少期から、父親にずっと性的暴力や身体的暴力を受けていたそうです。それが男性恐怖症の原因でした。母親も初美を助けてはくれなかった。母親は母親で父親に支配されていて、自宅最寄りの駅より遠くに行ってはいけない、と命令されていたそうです」

初美さんの精神疾患の原因が、育った家庭環境にあるのは明らかだった。そこで小林さんは初美さんに、精神科で最新の検査と診断を受けよう、と提案する。

診断結果を見た小林さんは驚いた。初美さんは、いわゆる〝ソシオパス〟に特徴が合致していたからだ。

「反社会性パーソナリティ障害の一種です。社会の規範や他人の人格を軽視し、不誠実で、欺瞞《ぎまん》に満ちた行動を取るような人のことで、しばしば暴力が伴う。生まれつきそういう性質なのが〝サイコパス〟。幼少期に虐待を受けていたなどの原因で、後天的になってしまうのが〝ソシオパス〟です」

小林さんの説明によれば、サイコパスのほうがより賢く、感情を一切表に出すことなくひょうひょうと人を陥れたりする。ソシオパスのほうが、より感情が表に出やすい。

「初美は、幼少期の父親からの虐待によって男性恐怖症かつソシオパスとなり、そこにストレス過多が重なって双極性障害を発症した、と考えられました」

「私は人格障害なんだと思う」

新婦の両親なしでの結婚式はありえないとプランナーに止められた小林さんは、渋る初美さんを説得して、式に初美さんの両親を呼ぶことにした。ただし、バージンロードは父親と歩かず、新郎の小林さんと一緒に入場。「記録を残したくない」という初美さんの希望を酌んで、カメラマンも入れないことにした。当然、新婦両親からの挨拶もなし。

異例の式ではあったが、たいそう盛り上がった。小林さんと初美さんが、招待者のおもてなしに心を砕いたからだ。外部から腕利きのシェフを呼んで料理をふるまい、メッセージカードも1枚1枚手作りした。

「僕らの隠しプロフィールカードに、初美はこう書いてくれました。〝徹くんはとっても繊細で、私がよく泣かせてしまいます〟。あとで聞いたら、暴力をふるってしまうことを謝りたくて、と言っていました。本当に……嬉しかったです」

結婚式後、小林さんは初美さんの治療のために一大決心をする。勤めていた出版社を辞めて会社を設立し、そこで自分の仕事をしつつ、初美さんの執筆仕事をマネジメントする窓口とするのだ。初美さんは経理担当の社員とし、調子が悪ければ休んでもいい。コールセンターの仕事は少しずつ減らしていき、規則正しい生活を心がける。

効果はてきめんだった。3日暴れていたのが、2日になり、それが1日になり、ときには深夜に暴れても朝方には収まるようにすらなった。そして初美さんは自ら病気のことを調べるようになり、ついに、こう口にした。

「私は人格障害で、ソシオパスなんだと思う」

理解することと受け入れることは違う

精神疾患を持つ人が自分の病状を完全に認め、受け入れるのがどれほど大変なことか。経験された方やその近親者なら、わかるはずだ。

人は、自分の心に不具合があることなど認めたくない、知りたくない、通院なんてもってのほかだと避けようとする。それを他人から強要されるでもなく自力で認めるには、並大抵ではない勇気と覚悟が必要だ。

「僕が彼女を最も尊敬するところです」

話しながら、小林さんは涙ぐんでいた。

「初美は僕に、生まれて初めて人を信頼することができたと言ってくれました。初めて人と一緒にいて楽しいと言ってくれました。ふたりで幸せになりたいし、僕が死んだときには一緒に死にたいと言ってくれました。僕も同じくらい信頼していたので、初美が発作的に飛び降りようとしたときには、一緒に死ぬよと言いました」

とめどなくあふれる、愛に満ちた言葉。しかしここに至るまでには、壮絶という言葉では言い表せないほどの苦難があった。

実は現在の小林さんは左耳が聞こえづらく、左肩も完全には上がらない。

「初美が右利きなので、右手で僕を殴るとちょうど左耳に当たり、僕が倒れている状態で右足で蹴ると、ちょうど左肩に当たるんですよ」

にもかかわらず、小林さんは初美さんを一切恨んでいない。そして一瞬たりとも心が折れなかった。

それがいかに稀有《けう》で奇跡的なことか、筆者にはよくわかる。今まで、妻の精神疾患が理由で離婚してしまった男性を何人も取材してきたからだ。

彼らは最初、妻の精神疾患に理解を示し、「この気の毒な女性を救うんだ」と決意して意気揚々と結婚を決意する。しかし、症状は一朝一夕に改善されるものではない。延々と繰り返される妻の不機嫌や暴力、精神的攻撃に疲弊を極め、いっこうに報われない努力に徒労感が募りゆく。

やがて愛していた妻に憎しみすら抱くようになり、自己嫌悪と後悔のうちにギブアップ。妻の手を離してしまう。

相手を理解することと実際に受け入れることには、天と地ほどの差がある。精神疾患者をパートナーとする際には、想像を絶する覚悟が必要とされる。自分の人生の大半をパートナーに捧《ささ》げてもいい、もっと強い言葉を使うなら、「人生を犠牲にしてもいい」と言い切れるほどの覚悟が。

忍び寄る黒い影

小林さんから見せてもらった壮絶な動画が、頭から離れなかった。目の前で罵詈雑言を吐き続け、自分の首を絞めてくるこの女性と、この先の生涯も共にする。そのことに不安や後悔はなかったのか。今すぐ初美さんと離れて平穏な毎日を送りたいとは、一瞬たりとも思わなかったのか。

小林さんは、聞いたこちらが怯んでしまうほどに迷いなく、きっぱりと即答した。

「僕は、精神疾患はひとつの個性だと思っています」

門外漢が発せば、あまりにも偽善に満ちた言葉だと非難されるだろう。しかし小林さんは、暴れる初美さんの手を一瞬たりとも離さなかった。ギブアップしなかった。言う資格はある。

初美さんの病気を深く理解し、献身的に尽くす小林さん。自らを直視し、治療に奮闘する初美さん。このままいけば、ふたりは幸せになれるように思われた。

しかし、運命の神はそれを許さない。

初美さんの男性恐怖症の元凶である父親が初美さんに、「実家の近くに住め」と頻繁に連絡してくるようになった。父親と縁を切りたい初美さんは悩み、苦しみ、小林さんに言う。「私は父と向き合わなければいけないと思うの。だから、私と一緒に会ってほしい」自らの人生にカタをつける。なんて毅然《きぜん》とした、勇気ある決断だろう。小林さんはもちろん了解した。

しかしこの決断は、やがて初美さんが離婚裁判を起こす原因に発展してしまう。

お願い、警察を呼んで

初美さんは、父親が自分の人生に介入してくる限り自分の人生の幸せはないと悟る。父親と縁を切る覚悟で、小林さんにも同席してもらって話し合いの場を設けた。

だが、この話し合いは完全に裏目に出る。

小林さんは初美さんの父親に言った。「初美さんの精神疾患は、お父さんの暴力に端を発するものです。初美さんに何度も連絡するのはやめてほしい」。すると、自分のせいで娘がこうなったとは絶対に認めたくない父親は激怒。恐怖した初美さんは、なんと父親に屈してしまう。「父親に『お前はそんなことを本当に思ってるのか！』と怒鳴られた初美は、『私はそんなこと言ってない。徹くん、ひどい！』と言ってしまったんです」

信じがたい手のひら返し。しかし初美さんの男性恐怖症、特に父親に対する恐怖心は、それほどまでに強かった。初美さんは、何か大きなストレスが引き金になって暴れ出すと、そのときの記憶がなくなる。それと同じようなことが、父親という大きなストレスを引き金にして起こってしまった。

「帰宅後に初美と1、2時間かけてじっくり話し合うと、『そうだった、そういえば、この話し合いを望んだのも、徹くんについてきてほしいとお願いしたのも、私の意思だった……』と気づいてくれました」

しかしその日の夜、初美さんの父親は娘を懐柔できると踏んだのか、小林さんが仕事で外出中に初美さんを会食と称して呼び出し、小林さん抜きの親子3人で会ってしまう。

「僕が帰宅したら、既に帰っていた初美はパニック状態でした。最近は落ち着いていたのに、久しぶりに激しく暴れ、今までになく強い力で僕の首を絞めてきたんです」

小林さんは意識が朦朧とし、床に転倒。気がつくと、放心状態の初美さんが小林さんにこう言った。

「お願い、警察を呼んで。私、徹くんにひどいことをしてしまった……」

小林さんは警察を呼び、その晩はいったん落ち着く。しかし警察から初美さんの実家に連絡がいったらしく、翌朝、初美さんの父親が乗り込んでくる。

「彼は『よくも警察沙汰にしてくれたな』と僕にすごみ、嫌がる初美の腕を引っ張って、強引に連れて行ってしまいました。僕は何度もやめてくれと懇願したんですが、止めることができなくて……」

連れて行かれた先は、関東のZ県にある両親の住まい。つまり初美さんの実家だ。

「初美は8日後に戻りましたが、ひどく憔悴していて、説明も要領を得ない。両親の目を盗んで、命からがら逃げてきたようです。実家での記憶は〝ない〟と言っていました」

この事件をきっかけに、初美さんの精神状態は急激に悪化していく。夜中にパニックで暴れる日々が戻ってきてしまったのだ。

このままだと、あなたを殺してしまう

ある夜のこと。暴れて興奮状態になり、手をつけられなくなった初美さんが小林さんに言った。「このままだと、私は徹くんを殺してしまうかもしれない」。初美さんは自らの足で警察に向かった。

自分の中に棲《す》む怪物を飼いならせないなら、宿主ごと檻《おり》に入るしかない。初美さんはそう悟ったのかもしれない。

ところが、ここでまたも初美さんの男性恐怖症が邪魔をする。

「権威的な男性が怖い初美は、男性警察官からの『何しに来たの？』という問いかけに、つい自分が被害者だと言ってしまったんです。これも精神疾患あるあるですが、本当はそうではないのに、自分が被害者だと思い込んでしまう。結局、警察官からはシェルターに避難したらと

提案されるだけで、帰されてしまいました」

小林さんは警察での状況を、朝方帰宅した初美さんから聞いた。

「帰宅した初美は明らかに様子がおかしくて、ずっと泣いていました。ごめんなさい、徹くんを悪者にしてしまったの、と」

少し落ち着いた初美さんは、小林さんに向き直ってこう言った。

「ふたりでもう一度、結婚式をしてくれませんか？　ふたりだけの結婚式を南の島でやりたいの」

小林さんと初美さんは新婚旅行に行っていなかった。初美さんの病状が落ち着いたら南の島に行こうと、以前から約束していたのだ。

しかし、その願いは叶わない。

数日後、またも初美さんの父親がマンションを訪れ、小林さんが外出中に初美さんを連れ去ってしまう。帰宅すると、1週間分のカレーの作り置きとご飯のレトルトパック、そして置き手紙がテーブルに置かれていた。父親に抵抗できないと観念した初美さんが、最後に示した小林さんへの真心だった。

小林さんは初美さんにすぐ電話するが、応答してくれない。その後、明らかに混乱気味のメールは届いたが、いまいち状況がつかめない。1カ月後、ようやくまともな連絡が来る。

初美さんは、某県の精神科病院に入院していた。

囚われの姫

初美さんは父親に連れられてメンタルクリニックを受診し、「夫のモラハラで精神に異常をきたした」ことにされ、精神科病院に入れられたようだった。それゆえ、小林さんは初美さんに面会することができない。ただ、初美さんは病院に内緒で小林さんに電話もメールもくれた。

しかし、病院にいる間に初美さんの人格は徐々に作り替えられていった。

「最初の頃はずっと『徹くんは悪くない』と言ってくれていましたが、1カ月もすると、口調が変わってきたんです。『お前がやったんだな⁉ お前が私をこんなふうにしたんだな？』って、僕を口汚く罵るようになりました」

小林さんが後日調べたところによると、当時の初美さんは、病院の担当医や看護師から毎日のように『旦那さんからモラハラやDVを受けていたんでしょう』と吹き込まれていた。それを初美さんが否定したり、小林さんとの電話やメールがバレたりすると、強い薬を飲まされ、2、3日は意識が朦朧として動けなくなっていたという。

「言ってみれば病院の〝プログラム〟によって、初美は僕にモラハラを受けたと信じ込むようになってしまいました」

なお、精神科病院に入れたのは初美さんの父親だが、その後父親は、面会はおろか、連絡のひとつも初美さんによこさなかったそうだ。

「彼は娘がこうなってしまったことを自分の責任にしたくないだけで、娘に関心はないんです。娘を壊したのは僕ってことにしたいだけ。それさえ叶えば、娘がどうなろうと知ったことじゃない」

その後、初美さんは病院を脱走した。担当医に対する不信感だったようだが、詳細はわからない。

ただ、病院はそのことを小林さんに知らせなかった。小林さんがそれを知ったのは、ある弁護士事務所から調停を起こされたからである。小林さんのもとに届いた書面に書いてあったことを嚙《か》み砕いて言うと、こうだ。

「会社の経理書類を返してほしかったら、モラハラしたことを認めろ」

悪意のXが介入する

ここで、小林さんが現在も争っている最中だというXという名の弁護士が登場する。

「X弁護士と妻がどこで出会ったのか、どちらがどういう方法でアプローチしたのかはわかりません。ただはっきりしているのは、X弁護士は自らを〝モラハラ専門弁護士〟として名を上げるため、初美を利用したということです。彼女は完全に、広告塔にされました」

X弁護士はまず、初美さんが持っていた小林さんの会社の経理書類に目をつけた。会社の決算前に経理書類が戻らないと、会社は罰則を受けることになる。調停の申立は、それを狙ったひどい嫌がらせだった。申立人はX弁護士本人で、初美さんではない。

しかもX弁護士は初美さんに、「徹さんがあなたを、経理書類を持ち逃げしたとして警察に突き出そうとしている」と虚偽の説明していた。

「経理書類の件はでっち上げだったので、大事に至らず収束しました。しかしこの頃から、X弁護士は初美に、モラハラ事例を告発する〝作品〟をネット上で書かせるようになったんです」

その〝作品〟に小林さんの実名は出ていないものの、〝夫からの被害〟を想起させるには十分の内容だった。

「X弁護士は、初美に〝作品〟を発表させているのはトラウマ治療の一環だと言っていましたが、それはありえません。津波の被害に遭った方に、津波についての物語を書けと言っているのと同じです。暴露療法という方法もあるにはありますが、それは専門医師による監視下で、慎重を期す必要がある。ネットで公開して本人に拡散させるなど、とんでもない。自傷他害による命のリスクさえあるんです」

大学で心理学を専門に学んでいた小林さんだけに、説得力がある。

「彼は、僕のモラハラで初美がPTSD（心的外傷後ストレス障害）になったとも言っていましたが、本当にPTSDなら、僕との夫婦生活を想起させるような〝作品〟なんて書けるわけがありません。嘘ばかりです」

しかも初美さんは、〝自らのモラハラ被害〟について頻繁に講演させられているという。

「X弁護士は初美を登壇者にかつぎ上げて女性だけを集めたセミナーを開き、モラハラをテーマにした講演活動をさせているんですが、初美がしゃべる体験談はX弁護士による捏造です。彼が作り上げた偽の体験を、初美に信じ込ませている」

もし真実ならX弁護士がしていることは完全にアウトだが、初美さんが委任関係を続けている以上、X弁護士はすべて初美さんの指示で動いていることにできてしまうので、いかんともしがたい。小林さんは弁護士会に相談した。

「第三者の力を借りてでも初美とX弁護士を引き離したほうがいい、とアドバイスされました。ただ、彼女は数少ない仲のよかった友達とも関係が絶たれているので、それも難しい」

初美さんを完全に囲い込んだX弁護士は、その後、小林さんを相手に離婚裁判を起こしてきた。小林さんによれば、この裁判もX弁護士が初美さんに知らせずに起こしたものだという。

信頼できない語り手

話を聞けば聞くほど、小林さんが受けている〝攻撃〟は、あまりにも理不尽だ。

ただ、この離婚裁判を外から見れば、「夫にモラハラを受けて精神的に疲弊した妻が、夫のもとを逃げ出し、弁護士の助けを借りて離婚裁判を起こした」となる。

それに、初美さんが極度の男性恐怖症で、父親や医師や弁護士（すべて男性）が作り上げた

「被害者としてのストーリー」を吹き込まれて信じ切ってしまった……というなら、逆にこういう仮説も成り立つのではないか。

「初美さんは、小林さんという〝男性〟が作った〝ストーリー〟を信じ込まされている」という仮説が。

つまりX弁護士、およびその支持者からすれば、夫である小林さんこそが、自分で働いたモラハラを隠蔽するために、ストーリーをでっち上げていることになる。

何より筆者はこの話を、小林さんの口からしか聞いていない。そして離婚話は往々にして、夫の言い分と妻の言い分が食い違うものである。

とはいえ、だ。

見せてもらった動画には、小林さんの首を絞めて暴走する初美さんの姿が、たしかに映っていた。あれが捏造だとはどうしても思えない。

取材を始めて3時間以上が過ぎていたが、正直、迷っていた。小林さんの話を信じてよいものか。この話を書くべきか、ボツにすべきか。

私の人生を変えた人

正直に言った。X弁護士の話が捏造だと言うなら、小林さんが〝ストーリー〟を捏造している可能性もまた、ないとは言い切れませんよね、と。

小林さんはまったく動じることなく、微笑《ほほえ》みながら言った。

「もちろんです。たしかにそうだ。判断するのは稲田さんですからね。じゃあ、これだけ見ていただけませんか。書いていただかなくても、構いませんから」

小林さんは、ファイルされた大量の資料の中から、2枚の紙片を取り出した。1枚目は、初美さんが2年半前に父親に連れ出された際の置き手紙。

その文面は、今まで嫌な思いをさせてしまってごめんなさい、といった謝罪の言葉や、途中まで受けていた仕事をどう処理してほしいかという指示に続き、こんな言葉で結ばれていた。

以下、原文ママで転載する。


私は、あなたと一緒にいるには能力の劣った人間でしたが、あなたは、とても素敵な人だから、きっとすぐに一緒にいてくれる人が現れると思います。その人は必ず私より素敵で、仕事もできて、人間的に素晴らしい人です。

徹くんの人生が、この先幸福で、楽しく、良いものになると私は信じています。

あなたが日本一の編集者になることを信じています。

どうか、これからも人生を変える本を作り続けて下さい。

今までありがとうございました。身体にだけは気を付けてください。

あなたの幸せを祈っています。

「人生を変える本」とは、小林さんが出版社時代に作り初美さんが感銘を受けた、統合失調症に関する本だ。この本をきっかけにふたりの人生は交錯し、すべてが始まった。

初美さんがこの置き手紙をして家を出てから2年半。小林さんは初美さんの部屋も荷物も、手をつけずにそのままにしてある。いつ戻ってきてもいいように。

「初美はあの日、洗濯物をたたんでいる途中のまま、出ていきました。つまり帰ってくる意思はあったんです」

少年をハグする女性

もう1枚の紙片には、イラストと短い文言が書かれている。

「初美の部屋に残していった荷物の中に、彼女がいつも肌身離さず持ち歩いていた手帳がありました。僕は中を見たことがなかったんですが、初美が連れ去られたあと中を開いてみると、僕に暴力をふるったあとに自分を見つめ直す文章や決意などが、びっしりと書かれていたんです」

初美さんは、不断の努力で自らを治そうともがいていた。

「その中に挟まっていたのが、この紙片です」

女性が泣きながら、小さな男の子を背中からハグしている。初美さん自身の筆によるイラストだ。そこに、こんな言葉が書き添えられている。

「徹くんは私の宝物です。一生大切にします。いつもごめんね。ありがとう。　はつみ」

小林さんは言った。

「こういうことを書ける人間なんです。純粋で、心が綺麗で」

疾患のせいで自分の意思が覆い隠され、ときに記憶までなくして暴れ、本心とはまったく異なる言葉を発してしまう。愛する人を傷つけてしまう。それを初美さんは自覚していた。だから、描いた。自分に向けて。小林さんへの愛と、謝罪と、感謝だけは忘れてしまわないように。心に黒く分厚い雲が覆って自らを見失ってしまっても、これを見れば必ず自分の本心が、あの純粋な気持ちが思い出せるように。

人に見せるあてのない、肌身離さず持ち歩く手帳に入っていたということは、つまり、そういうことだ。

イラストの女性は初美さんだろう。小さな男の子は――。

「これを見つけたときは、もう、ね……」

小林さんは言葉をつまらせた。

【書籍版・追記】

この取材は書籍刊行から遡ること約2年前のものだが、小林さんはその後、精神分野で著名な専門家を訪ねて全国を回り、初美さんが日本ではまだあまり知られていない「複雑性PTSD」を発症しているという新たな事実にたどりついた。これは一度の事故や災害によって生じる一般的なPTSDと異なり、幼少期の日常的な暴力等によって生じる、より深刻なPTSDである。つまりX弁護士が主張した「小林さんのモラハラによるPTSD」ではなく、初美さんが幼い頃から父親から受け続けてきた性的・身体的暴力を原因とするPTSDというわけだ。

「複雑性PTSDは人格障害や鬱、双極性障害も併発しやすいんですが、これは初美の症状そのものです。初美が僕に暴力を働いた記憶がなかったり、父親によって実家に連れ去られた際の記憶がなかったりしたのは、PTSDの『解離』という現象でした。また、PTSDの症状が良くなると過去のトラウマ記憶と向き合うことになるため、信頼を寄せる人に一時的に暴力を振るうようになるそうで、これも初美のケースにぴったり当てはまります」(小林さん)

実は裁判での奮闘むなしく、この2年の間に小林さんと初美さんとの離婚は成立してしまった。しかも初美さんの精神状態は当時より悪化しているという。

小林さんの「初美さんを取り戻す闘い」は続いている。

Case #10

咲かずして散る花

石岡敏夫

不妊治療で蝕《むしば》まれた妻の心

文筆業を営む石岡敏夫《いしおかとしお》さん（48歳）は1年ほど前、7歳年下の妻・咲《さき》さんと離婚した。理由は「不妊治療」だという。ふたりが結婚したのは石岡さんが42歳、咲さんが35歳のときだった。

「最初から子供を作るつもりで結婚し、1年ほど妊活しましたが、自然妊娠せずで。検査したところ、僕の精子の数が標準より少なく、運動率も低かった。それで顕微授精《けんびじゅせい》に踏み切りました」

顕微授精とは体外受精の一種で、不妊治療の中では最も高度な医療行為であり、最も高額な費用がかかる。女性から取り出した卵子に、男性の精子を細い針で注入。卵子が分割して受精卵になったら、胚《はい》移植（受精卵を女性の子宮に戻すこと）し、着床させるものだ。

不妊治療の中でも特に体外受精や顕微授精は、女性側の肉体的・精神的負担が大きい。採卵の方法は「採卵針を膣《ちつ》から挿入して卵巣に刺し、卵胞液《らんぽうえき》ごと吸引して卵胞の中の卵子を取り出す」というもの。施術前後の投薬や注射も必要だ。薬の副作用で体調が悪化することも少なくない。

頻繁に通院しなければならないことに加え、採卵日が確定するのはその数日前なので、フルタイムで仕事を持っている女性にとっては非常にハードルが高い治療法だ。咲さんも働きながらの通院だった。

「僕が率先して家事をやるなど、できるだけのケアはしたんですが、咲が被る施術の苦痛や体調不良、仕事へのしわ寄せは代わってやることができません。咲はイライラが激しくなり、僕によく当たるようになりました」

採卵のチャンスは月に一度。しかし投薬による副作用は仕事のパフォーマンスにも支障をきたすうえ、咲さんが多忙な時期は頻繁な通院も難しく、見送らざるをえない。かといって、時間が経てば経つほど加齢により妊娠の確率は下がっていく。焦りと苛立ちが咲さんの心を蝕んでいった。

3年間、300万円近くを使って断念

何度も採卵と胚移植を試みるも、いっこうに子供を授かることができない石岡さん夫婦。咲さんの子宮内の環境があまりよくないのが理由だった。

「不妊治療を始めて2年くらい経った頃から、僕の中では、そしておそらく咲の中でも、『もう、無理なんじゃないか？』という考えが頭をもたげるようになりました。無邪気に自然妊娠を狙っていた頃、ふたりであんなに話していた子供のことを、一切話さなくなったんです。名前は何にしようか、子供部屋を確保したらあなたの書斎はなくなるね、なんて毎晩のようにワイワイキャッキャ。そんなことをしてる暇があったら、1日でも早く不妊治療に踏み切るべきでした……」

石岡さんは後悔を口にした。

「当時は、新居近くの公園や電車内で子供が走り回っていると、『元気だね〜』とか『うちの子もああなるかな？　目が離せないから大変だね〜』なんて微笑みながら話していたものですが、不妊治療が難航するにしたがって、ふたりとも口をつぐむようになりました。目の前を子供が走り去っていっても、〝まるで子供なんか通らなかったかのように〟無視するようになったんです」

夫婦の関係性にも変化があった。

「くだらないことで心から笑い合うことがなくなりました。以前は、僕がワイドショーのコメンテーターのモノマネをして彼女を笑わせたり、撮り合った互いの顔写真をアプリで変顔に加工して腹がよじれるほど爆笑したりしていましたが、そういうことが一切なくなったんです。

毎年、咲の誕生日は、彼女が行ってみたい高級店を僕が予約することになっていたんですが、不妊治療2年目にどこに行きたいか聞いたら、『今年は別にいいかな。それでなくてもお金かかるし』と、テレビから視線を外さずに言われて……。何も言い返せませんでした」

やがて不妊治療をスタートして3年が経過。累計費用は300万円近くにまで達していた。

石岡さん46歳、咲さん39歳。〝その日〟はやってくる。

「何度目かの胚移植に失敗して、咲に生理が来てしまった日のことです。〝撃沈〟にはもう慣れっこになっていましたが、夕食のあとで僕が席を立とうとすると、咲が青白い顔で『もう、やめようか？　やめていい？』と言いました。僕は『そうしよう。今までよく頑張ったね、ありがとう』とねぎらいましたが、彼女は放心状態。僕はそれ以上言葉をかけられず、そっとしておきました」

視界に入るものすべてが地獄

数週間は何ごともない日が続いた。しかし、ある日のこと。

「寝る時間になっても咲がベッドに来ないんです。おかしいと思って洗面所に行くと、彼女が小さく嗚咽していました。『おおぅ、おおぅ……』って。蛇口から水を出しっぱなしにしながら」

石岡さんが声をかけると、咲さんは洗面所の冷たい床にへたり込み、苦しい胸の内をぶちまけた。

「視界に入るものすべてが地獄だと僕に言いました。日々報じられる芸能人の妊娠や出産ニュース。街ではしゃぎ回っている子供たち。何を見ても〝何か〟を思い出す、耐えられない、気が狂いそうだと……」

石岡さんが今までに見たこともないほど咲さんは取り乱し、泣きじゃくっていた。

「こうも言いました。世の中にいるすべての人間は、ひとり残らず誰かが産み落とした。なのに自分は、この人間社会の当たり前の営みに参加できない。人類の大きなサークルに入ることができない。こんな絶望ってある⁉ ねえ？ そう詰め寄られました」

咲さんがその夜に爆発した理由は、後日判明する。1年ほど前に結婚した咲さんの従姉妹《いとこ》（当時33歳）に第1子が誕生したと、その日の日中に咲さんの母親から連絡があったのだ。母親からの「出産祝い、どうする？」が引き金になったようだった。

「自分がこんなにも苦労して、莫大なお金を使ったあげく、結局子供を授かれなかったのに、5つ年下の従姉妹はいとも簡単に授かった。そのうえニコニコして出産祝いまで包まなければならないなんて……。そりゃあ、やり切れないでしょうよ」

〝いる〟だけで幸せなのに

石岡さんによれば、咲さんはもともと、人をやっかんだり、罵倒したりするような人間ではなかった。しかし、その夜の咲さんは違ったという。

「彼女は吐き捨てるように言いました。どんなに頭からっぽなモデル上がりの芸能人にも、誰とでも寝ると有名だった中学時代の同級生にも、子供がいる。なのに、私にはいない。今まで下に見ていた、自分よりイタい人生だと思っていた人たちが、自分には絶対持てないものを持っている。でも私は持ってない。それが悔しいし、そういう下劣なやっかみの感情を抑えられない自分が嫌になる、と」

まるで咲さんが憑依《ひょうい》しているかのように、感情を込めて話す石岡さん。

「〝育児が大変〟みたいなブログやコミックエッセイって、結局自慢でしょ？　〝いる〟んだったら、それでもう、いいじゃない。私なんて、〝いない〟んだよ!?　大体、贅沢なんだよね。〝いる〟なら、〝いる〟だけで幸せじゃない。そんなちっちゃいことで文句言わないでって思う」

これは咲さんの言葉の反芻《はんすう》なのか、石岡さんの気持ちの表明なのか。

「子育てブログやTwitterのママ垢（アカウント）には、〝旦那が育児してくれない。旦那死ね。毎日が地獄〟って書いてあるじゃない。でも私、思っちゃうんだよ。授かることさえできれば、ワンオペでもなんでもいい。咲はそう言いながら、洗面所の壁や床をグーで何度も叩いていました」

あんなに口汚い彼女を初めて見ました、と石岡さんは悲しそうに言った。

「咲の裸の人間性を初めて見た気がします。いたたまれなくて、胸が張り裂けそうでした。ただ正直言えば、感情むき出しの咲に怯んでいる僕もいて……。彼女の生々しさに、少しこう、吐き気を催したというか……」

「吐き気」という言葉に、発した石岡さん自身が怯んでいるように見えた。

「これはなんの罰?」

気がつけば何時間も経過し、深夜3時を過ぎていた。ふたりとも翌日は仕事だったが、とても眠れるような状況ではない。

「咲は、頭の中に溜まった澱《おり》を、ひとつ残らず吐き出そうとしていました。僕に、というよりは、この世界全体に向けて」

咲さんの絶望の矛先はFacebookにも向けられた。咲さんは、学生時代の友人や職場の同僚が投稿するわが子の成長写真に、今まで律儀に〃いいね!〃を押し続けていたそうだ。

「もう無理、もう無理って、消え入りそうな声で言うんですよ。僕は、〃いいね!〃なんて押さなくてもいいじゃない。投稿を非表示にすれば……と言いかけたんですが、鋭い声で『できるわけない!』と遮られました」

それは、なぜか。

「今までずっと〃いいね!〃を押してきた私が、突然押さなくなったら、友人や同僚たちはきっと変に思う。〃何か〃を、思う。それに耐えられないし、怖い。私はこれからもずっと、あの人たちの子供の写真を見て、機械のように〝いいね！〟を押し続けるしかない。そんなの無理だよう、無理だよう……って。子供みたいに泣きじゃくるんです」

深い溜め息をついて、石岡さんは言った。

「咲が言うんですよ。これはなんの罰？　ねえ、なんの罰？って」

「意識の高い夫婦だって思われるのが、死ぬほど嫌」

ここから先の咲さんの言葉は、さらに重い。

「咲は言いました。私は〝子供を作らない人生を選んだ意識の高い夫婦〟だって思われるのが、死ぬほど嫌。できれば名札をつけて外を歩きたい。『私たち夫婦に子供がいないのは、作らないからではなく、できないからです』って。

ライフスタイルとして子供を作らないお気楽な夫婦と、一緒にしてほしくない。私はね、欲しいけどできなかったんだよ。ものすごく努力して、バカみたいに時間もお金もかけて、卵巣に何度も針を刺して地獄の苦しみを味わったけど、それでもできなかったんだよって。首に看板かけて、一生言い続けたいくらいなの。でも、世間はきっと、そういうふうには見てくれない。

私はこれから、Facebookによくいる、子供はいないけど夫婦ふたりで大人ライフを満喫してますよ、私たちはささやかな幸せを味わってますよ、足りてますよって、日々自己催眠みたいに投稿する人たちと、同じ〝側《がわ》〟の人間になるんだって。これからは〝そっち側〟の人間として扱われるんだって。そう言って、オンオン泣きました」

石岡さんは、いくら頭を回しても、かける言葉が出てこなかったという。

「1㎜の反論も反証もできない、人間の完璧な絶望というものに立ち会いました」

石岡さんは言いよどみ、そして絞り出すように言った。

「そのとき、思ってしまったんです。こんなことなら、子供なんて欲しがらなければよかったって」

石岡さんは今から8年前、急に子供が欲しくなった理由を話し始めた。

残りの人生、あとは朽ちるのみ

結婚願望は20代からあったものの、ずっと子供が欲しいと思ったことはなかったという石岡さん。しかし40歳で突然欲しくなった。きっかけは肉体の衰えを実感し始めたからだという。

「30代の間はずっと若い気分でいたし、実際、同世代より若く見られることも多かったんですが、40歳になった頃から、老いが気になり始めたんです。昔より明らかに〝下半身の衰え〟を感じ始めたというか……。朝勃ちも激減しました」

衰えは下半身にとどまらない。

「長時間ぐっすり眠ることができなくなったし、酒にも弱くなった。切り傷はなかなか治らない。タバコを吸ってないのに昔ほど深呼吸ができない。髪の毛も、はげてきたというほどではないですが、前髪の伸びるスピードが襟足に比べて明らかに遅くなり、毛も細くなってきました」

仕事でストレスを溜めていたわけではない。むしろワークライフバランスはそれまでの人生で最も理想的だったという。健康診断でも人間ドックでも何も出てこなかった。つまり、単なる老化である。

「一番ショックだったのは、いくら筋トレをしても体が締まらなくなったことです。食事を控えれば細くはなりますが、皮膚が情けなくたるっとしてしまう。内臓も重力に逆らえず落ちてきて、下腹部はぽっこり。腹筋を鍛えてもシルエットはほとんど改善されません」

肉体のピークはとっくに過ぎていて、もはや下り坂。そんな当たり前のことに、40になるまで気づかなかった――と、石岡さんは自嘲気味に言った。

「これから自分の肉体はひたすら衰えるだけ。この先の人生、僕はゆっくりと朽ちるのみなんだという残酷な事実を、風呂上がりに鏡の前で思い知らされましたよ」

「ここで、途切れるんだ」

肉体の衰えが、子作り願望とどうつながるのか。

「ふと……ものすごく怖くなったんです。それまで人生の終わりを意識したことはなかったんですが、生まれて初めて、自分は日一日と死に近づいてるんだと実感して。いつか自分という存在は、この世から消えてしまう。それを考えると、ぞっとしました」

夜、寝床で目をつぶると、「自分の体が暗い液体になって、闇に溶けてしまうイメージを想像するようになった」という。

「ああ、僕はここで〝途切れる〟んだ、と。その恐怖を回避するには、自分の次世代を、つまり子供を作ればいいと思い至ったんです」

石岡さんはそのときのことを、「頭の霧が晴れるようだった」と形容した。

「なぜ世の中の人は、自分のために使えるお金を減らしてまで子供をもうけようとするのか。なぜ親というものは、自分の身を挺《てい》してまで子供を守ろうとするのか。最愛の人との愛の結晶とか、石岡の血統を絶やしたくないとか、そんな教科書通りの話じゃない。もっと個人的に、心の底から納得できる子作りの動機を、初めて見いだせたと思いました」

そのタイミングで交際をスタートしたのが、咲さんだった。

「すごくいい母親になれると思うんだ」

咲さんも、交際当初からずっと子供が欲しいと言っていた。

「以前付き合っていた彼氏と結婚寸前までいったそうなんですが、彼から子供を作る気はないと言われて別れたそうです。だから僕に強い子作り願望があると知ると、顔をくしゃくしゃにして喜びました。家訓は何にしようか。毎朝トイレが渋滞したら困るね。息子だったらサッカーを教えたい。娘だったらバレエかな、ピアノかな。でもお金かかっちゃうね。そうだ、ミニバンも買わないと。あのときは本当に無邪気でした。思い出すたび恨めしくなるくらいに……」

咲さんが子供を切望したのには、理由がある。

「咲は小器用ではあるんですが、あまり自己評価が高くない人間でした。小さい頃から『自分には、胸を張って得意だと言えることが、ひとつもない』という思いを抱えて生きてきたそうです。個性的な友達や有能な同僚に対しては、常にコンプレックスを抱いていたと。そういうそぶりを一切見せないで、いつも朗らかにふるまえるのが、彼女の美徳ではあるのですが。そんな咲が、唯一『自分は得意かも』と思えたのが、『母親になること』だったそうです。咲は結婚前、僕に『バカみたいだと言わないで聞いて』と前置きしてから言いました。『私、小さい頃から、お母さんになるのが夢だったんだ。私ね、すごくいい母親になれると思うんだ』って」

咲さんが自分の資質を自信満々に語ることは、それまでに一度もなかった。石岡さんはその言葉を聞いて思わず泣いたという。

「今すぐこの人と結婚して、ひとりでも多く子供を作って、にぎやかな家庭を作りたい。そのために、今まで以上に仕事を頑張ろうって決意しました」

しかし、その願いは叶わずして潰《つい》えた。

「花が咲く前に散った、みたいな気分ですよ」

「子供なんていなくていい」と言えなかった妻

夫婦で子供のいない人生を歩む選択肢はなかったのか。

「もちろん言いました。『子供のいない人生も、子供がいる人生と同じように別の幸せがあると思う』って。でも長い沈黙のあと、咲から出てきた言葉は、『敏夫は悪くない。ごめんなさい、ごめんなさい』」

石岡さんはあえて咲さんに聞いた。何がごめんなさいなの？　と。

「『敏夫と人生をともにできるなら、子供なんていなくていい』と言えなくてごめんなさい、って。目が回るくらいショックを受けた一方で、冷静な自分もいました。なんて誠実で正直な妻なんだろうと。そう思いません？」

そう話す石岡さんは、半笑いだった。

「〝夫〟が〝子供〟の代わりにならないことくらい、最初からわかっていました。そのときふと、昔見た何かのTV番組を思い出したんです。子供が欲しくてもできなかった夫婦が、カメラの前で『でも私たちは、夫婦ふたりの人生を楽しんでます。子供がいたらできないようなことを、たくさんするんです！』と満面の笑みで話してたんです。僕、その番組を見て、ああ、この人たち無理してるな、強がってるなって、心の中で毒づいたんですよ。それが全部、ブーメランで自分に返ってきた」

石岡さんはつい、咲さんに〝念押し〟してしまう。

「ここで黙って終わっておけばいいのに、咲に聞いてしまいました。『子供がいなかったら、結婚してる意味はないの？』と。答えはもう出ているのに。咲は蚊の鳴くような声で言いました。『ごめん、わからない……』」

〝生産性〟のないセックス

「夫婦ふたりだけで歩む人生」を拒否された石岡さんは、そのときの気持ちを「感情が交通渋滞を起こした」と説明した。

「咲に同情もしましたけど、一方で腹も立ったし、惨めで、悲しくて……。今すぐ咲を抱き締めたいという気持ちと、僕の人生から今すぐこの女を切り離したいと気持ちが、高速で交互に訪れました」

夜が明けた。ふたりともほとんど眠らないまま、咲さんは会社へ。石岡さんも自室の仕事机に向かう。

「仕事にならないだろうなと思いきや、変なスイッチが入っていて、むしろ仕事に集中できました。懸念事項が完膚なきまでに破壊されてしまい、気を揉む対象が根こそぎ消滅したからでしょうね」

しかし、仕事が一段落すると、途端に嫌な記憶が頭に押し寄せてきた。

「不妊治療をやめた翌週末くらいだったかな。今まで頑張ったね、という咲へのねぎらいを込めて、ちょっといいワインとデパ地下の惣菜《そうざい》で乾杯しました。その流れで久しぶりの行為に及んだんですが、前戯を始めようとすると、ワインで酩酊した咲がつぶやいたんです。『意味ないよね、このセックス……』って」

石岡さんはこの取材中、一番悲しい顔をした。

「そのとき、例の女性政治家の『生産性がない』って言葉が、頭に浮かびました。クソですよ。最悪です。ほとんど萎えかけているのに、僕、必死に最後までしてね。こんなに惨めな気持ちって、この世にあるんだと思いました」

石岡さんはすっかり冷えたコーヒーを口に含み、飲み込んだ。

「僕はどうすればよかったんでしょうね。咲が僕を、ふたりきりで人生を歩むだけの価値がない存在だと思っているなら、力不足で申し訳ありませんでしたと言うしかありません。でも、じゃあ、一体何に努力すればよかったのか。努力して精子が若返るわけでも、咲の卵子や子宮の状態がよくなるわけでもなし」

「すべて予測可能」という絶望

その後、石岡さんと咲さんは、1年近くに及ぶ離婚の話し合いに入るが、その詳細は書かないでほしいという。石岡さんの現在の状況についても明かすことはできない。

取材もそろそろ終わりという頃、石岡さんは唐突に告白した。

「あのとき僕は『子供がいない人生も、子供がいる人生と同じように、別の幸せがある』と咲に言いましたけど、たぶん、言った僕自身が、心からそれを信じていなかったんだと思います」

「当時は言語化できませんでしたが……」と石岡さんは続ける。

「僕、〝人として本来は取り組むべき子育てに取り組んでいない〟という後ろめたさを抱いたまま、あと何十年も生きていくのは結構しんどいなって、当時からうっすら思ってたんですよ。正直言うと」

石岡さんの〝人として本来は〟に異論はあったが、飲み込んだ。

「咲は僕の本心を見透かしたんでしょう。あなたは子供がいない人生を引き受ける覚悟がないのに、そう言ってるよね？　と。その通りです。僕、あのときから心のどこかで予感してたんですよ。子供がいない人生って、たぶん暇だなって」

「暇」とは？

「仕事は嫌いじゃないけど、それを頑張って、お金がもらえて、だからどうなるの？　ってことですよ。今さら自己実現って年でもないし」

趣味や友人、何より咲さんというパートナーを大事にして生きていく人生では不足なのか。

「それ全部、現在の延長線上にある要素じゃないですか。もちろん大切は大切ですけど、それらの行く末って予測可能の範囲内に収まるものでしょ？　子供を作って育てることほど予測不可能性に満ちてはいない。エキサイティングじゃない。ドキドキしない。僕は40歳の時点で、人生の後半生に全身全霊で取り組むことが、〝子供〟以外に浮かばなくなっちゃったんです」

それが「暇」の意味なのか。

「本当の絶望は、何か災厄や不幸が訪れるってことじゃない。〝この先の人生、予測可能なことしか起こらない〟ことが、絶望的に、絶望なんです」

第5章
わたしたちの役割

Case #11

わたしは宇宙人

藤堂由実

勤務先の上司と結婚

「元夫は、当時の勤務先だった商社の上司でした」

藤堂由実《とうどうゆみ》さん（35歳）は8年前、27歳のときに10歳年上の昭二《しょうじ》さん（当時37歳）と結婚。3年間の結婚生活の末、離婚した。現在はアジア・アフリカ系雑貨の個人輸入業者として、いくつかの雑貨店やセレクトショップに商品を卸している。

由実さんは、手足がすらっと長く、年齢のわりに驚くほど化粧っ気のない女性だった。漆黒のストレートヘアを一束にまとめ、服はシンプルなブラウスに、エスニックな風合いの巻きスカート。しかし決して貧乏臭いということはなく、内側から匂い立つ不思議な色気を放っている。

やや小さめながら、よく通る声が印象的な由実さんは、筆者の質問に対して食い気味に返答するということが、一切なかった。普通、会話というものは、乗ってくると相手の質問や意見に自分の言葉を多少なりとも重ねていくものだが、由実さんにはそれがない。こちらのしゃべりを絶対に遮断することなく、言葉を一言一句、漏らさず聞いてくれている。実にインタビューがしやすい。

「昭二と出会ったのは私が24歳、彼が34歳のときで、彼はバツイチでした。とても仕事のできる人だなという印象でしたね。直属の上司と部下という関係のまま、彼が私に言い寄り、交際が始まりました」

半同棲を経て、3年ほど付き合ったところで由実さんが会社を辞める。そのタイミングで昭二さんがプロポーズし、由実さんが承諾して入籍。結婚式は行わなかった。ただ、由実さんは結婚直後から「思っていたのと違う」と感じるようになる。

結婚前に大事なことを話していない

「結婚というものが、そもそもわかっていなかったんです。たとえば、彼はお盆休みに関西にある自分の実家に夫婦で帰省しようと提案してきたんですが、私にはその意味が全然わかりませんでした」

盆に夫の実家に帰省する習慣は、たしかにオールドスタイルではある。が、特に珍しいことではない。

「せっかくの休みなんだから、家でゆっくりしていたい。そう言うと、結婚したら、普通は夫の実家に帰省するものだよと。え？　それ、先に言ってよって」

由実さんと昭二さんは結婚前、お互いについての大事な話をほとんどしていなかった。

「付き合っている頃、彼は両親ではなく親戚に育てられたと言っていました。だから両親はてっきり亡くなっているものだと思い込んでいたんです。ところが結婚してみると、彼のお母さんからブドウが届きました。え？　生きてたんだ？　って」

結婚前に、親兄弟や親族の所在や生死すら確認していなかったのだ。

「結婚というものを軽く考えてたんですよ。だから実際に結婚してみて、なんかいろいろと面倒というか、結婚って窮屈だなあと」

世の中の夫婦を見れば、一般的な夫婦生活がどんなものか、わかりそうな気もするが――。

「何かあったら別れればいいって思ってたんです。そういう意味では、子供がいたら別れにくくなりますから、子供を作る気もまったくありませんでした。ただ、昭二は子供を欲しがっていたので、揉めましたね。結婚後に『夫婦なのに子供を作らないなんて……』と驚いていました」

当然、結婚前に子供を作るかどうかの話し合いをしていなかったということだ。

子供は欲しくない

由実さんは物心ついてから現在に至るまで、子供を欲しいと思ったことが一度もない。

「母は32歳のときに私を産んだんですが、仕事が一番乗っていたときで、育児との両立に相当苦労したそうです。私は小さい頃からずっと母に『あなたを産んだときが人生で一番つらかった』と聞かされていたので、そうか、やっぱりつらいんだ。じゃあ、いらないなと。それと私、子供ができにくい体なんですよ」

一瞬、掘り下げて聞くのを躊躇したが、由実さんは構わず話し続けた。

「18歳のときに卵巣の手術をしていて、その後も何度か。実は今も完治していなくて、子宮にもトラブルを抱えているんです。だから、まあ、難しいかなって」

由実さんが結婚前に、母親や病歴のことを昭二さんに伝えていなかったのは明白だ。でなければ、「夫婦なのに子供を作らないなんて……」と驚かれるはずがない。

「そんなこともあって、結婚後は早々にセックスレスになりました」

このあたりから、筆者は奇妙な感覚に包まれ始めていた。かなりデリケートで重たい話が次々と繰り出されているのに、聞いていてまったく疲れないのだ。由実さんはこちらの質問に最小限の言葉で簡潔に答え、必要以上に感情を高ぶらせたり、ダラダラと冗長に話したり、脱線したりしない。終始落ち着き払っていて、会話のリズムが実に心地よい。いつまでも話していたいと感じさせる、不思議な人だった。

「ただ、セックスレスにはなったけど、別に平気でした。他で解消していたので」

え？　と聞き返した。

「私、体の関係を持っているボーイフレンドが、常に2、3人はいたんです」

「都合のいい女」

衝撃的な告白を、まるで事務連絡のように済ませる由実さん。聞けば、昭二さんとの結婚中だけでなく、交際中もずっとその状態だったという。しかも「2、3人」は固定メンバーではなく、何度か入れ替わっており、その大半が既婚者だった。

「家庭のある人ばかり言い寄ってくる理由は、自分でもよくわかるんですよ。相手が話したくなさそうな話題は、こちらからは絶対に振りません。相手を問い詰めたり追い詰めたりする余計なことも言わない。『あなたにとって私はなんなの？』みたいな面倒臭い問いかけも、論外です」

しかも驚くべきことに、相手の妻に嫉妬の念を抱いたことは、一度もないという。

「その瞬間に求めるのが私なのであれば、それでいいんです。『この人は今、この時間を私だけのために使ってくれている』、そう感じられるだけで十分。もし私に会いたくなくなったら、それで終わりで構いません。私は執着しませんから。都合のいい女なんです（笑）」

男からすれば、これほどうってつけの不倫相手はない。由実さんが自ら言うように、呆れるほど都合がいい女だ。

ただ、いくら言い寄られたとしても、由実さん自身がそれを受け入れなければ、関係は発展しないはずだが。

「たぶん私は、承認欲求が異常に強いんだと思います。誰かに認めてもらい続けないと保てない何かが、私の中にある」

「つまり、夫以外のたくさんの人に、同時に承認されていないとダメ、ということですか？」

と聞くと、今までと違ってやや歯切れの悪い返答が返ってきた。

「どうなんでしょうね……。そうかもしれないです」

ちなみに由実さんは、社会人になってから男性と外食をして自分の分を支払ったことが、ほとんどないという。その男性が不倫相手ではなく、ただの仕事関係者だとしても、必ずおごってくれるのだそうだ。わかる気がした。邪《よこしま》な気持ちがなくても、これだけ気持ちよく会話をさせてくれるのなら、ご馳走《ちそう》したくもなる。

それぞれの相手に誠実

昭二さんに対して良心の呵責はなかったのか。

「実は、まったくありませんでした。昭二といるときは昭二のことを大切に思っていたし、別の男と会っているときは、その彼のことが大切。そのときそのとき、目の前にいる人に対して常に誠実な気持ちだったと誓えます」

一般的な恋愛観・倫理観とはとても言えないが、こうなったきっかけがあるという。

「大学3年のとき、当時ものすごく好きになって付き合った人に、二股をかけられました。天地がひっくり返るほどの衝撃で、なんでそんなひどいことができるのか、まったく理解できなくて、ものすごく混乱したんです。ところが、彼を問い詰めると、こう言われました。『由実といるときは由実のことを一番愛してる。そこに嘘偽りはない。Aちゃん（二股相手）といるときも同じ』。それを聞いたら、なぜか……一発で納得してしまったんです」

以来由実さんは、「目の前にいる相手を、その瞬間に全力で愛しているのなら、他に別の相手がいても裏切りにはならない」と考えるようになる。

「それが倫理的にありえないというのは、わかっています。でも、当時の私はものすごく腹落ちしました。彼に強引に説得されたんじゃない。もともと私がそういう人間だったんだと、気づかされたような気がしました」

由実さんはしばらくしてその彼と別れるが、その後、社会人になって初めて付き合った男性にも二股をかけられた。

「腹は立ちませんでした。ああ、この人も大学のときの彼と同じように浮気するんだなって、至って冷静で。だから彼に『いいんじゃない、その人といれば』と言ったら、『なんで怒らないの？』って（笑）。『だって、その人と会ってるときはその人のことが好きなんでしょ？じゃあ、いいじゃないって』と返したら、かなり不気味がられましたね」

嫉妬はしないと決めた

カウンセリングじみた空気が、筆者と由実さんの間に流れた。「どうしてそうなったんでしょうね」と問うと、「たぶん、なんですけど……」と由実さん。

「初めて二股をかけられたとき、『二度と嫉妬心に支配されたくない』と強く思ったんですよ。嫉妬って、『相手を所有したいけど、できない。だから苦しい』感覚から来るものじゃないですか。だったら最初から、恋人といえど自分のものじゃないという前提に立てば、嫉妬しないで済む。苦しまないで済むなって」

複数の交際相手に対して、同時に「誠実であり続ける」由実さんの恋愛観の根本が、ここにある。

「私、人にしろ、物にしろ、所有欲というものが全然ないんですよ。部屋のものはどんどん捨てちゃいますし、物欲もないので、服もほとんど買いません。逆に、経験欲はものすごくあります。特に人との交流。私、この人を知りたい！という欲が、人並み外れてあるんです。友人からは、『由実はいつも、こんな素敵な人に会ったよ！って言ってるよ』って」

由実さんは「人」に惚《ほ》れやすい。「不倫相手としての男性」が好きなのではなく、「人」が好きで好きで、交流したくてしたくてたまらないのだ。だからこそ、たったひとりのパートナーでは足りなかった。これは、「承認欲求を満たす相手がひとりでは不十分」であることと裏表なのかもしれない。

人が好きだから、来る者を拒まない。しかし所有欲がなく執着もしないから、去る者を追わない。理屈はわかる。

だが、そもそも恋人や夫婦の結びつきとは、多かれ少なかれ相手への執着のことではないのか？　パートナーにこうあってほしい、パートナーの期待にも応えたい。「好き」の反対が「嫌い」ではなく「無関心」だとすれば、執着しない相手を、果たしてパートナーと呼べるのか。

わからなくなってきた。

「大学時代に二股されて以来、好きな人と未来を共有しようとか、一緒のお墓に入ろうという気が、一切なくなりました。相手の未来を拘束したくないし、私もされたくない。今この瞬間、同じときを過ごせれば、それでいいじゃないって」

あまりにも殺伐とした、刹那的な恋愛観ですね。そう口にすると、由実さんはいたずらっぽい笑みを浮かべながら、「はい」と答えた。

元夫の好きなところを思い出せない

「結婚して1年半後に、私から離婚を申し出たんです。結婚生活があまりにも窮屈でしたし、どうせ一緒に暮らすなら、当時別に付き合っていた人のほうがのびのび暮らせそうだと思ったので」

しかし、昭二さんは離婚を承諾しなかった。そればかりか、由実さんに複数の不倫相手がいることを知っても、一切責めなかったという。

「さすがに不思議だったので聞いてみたら、『別の惑星から来た宇宙人と暮らしてるんだと思ったら、気にならない』って」

寛容と言うべきか、執着がないと言うべきか。実に不可思議である。そもそも、由実さんは昭二さんのどこを好きだったのか？

「どこを好きだったか、ですか。えっと、待って。ちょっと……思い出せません（笑）。うーん、仕事ができるところと、私を勝手にさせてくれるところかな」

思い出せない？　しかも前者は単なる仕事能力であり、後者はただの「態度」だ。どちらも、人としての魅力とは言いがたい。

離婚の申し出以降、由実さんは急速に寂しさを募らせていく。

「私、勝手ですよね。束縛されたくないとか、結婚生活が窮屈だとか言っておいて。でもやっぱり、相手から執着されなさすぎると、『あなた、私に関心ある？』って思っちゃう。矛盾してるとは思います。

だけど、ある日たまらなくなって、昭二に言いました。『今の結婚生活は、ひとりでいたときよりもずっと寂しい』って。そうしたら、『由実はすべてを受け止めてくれるから』だって。なんだか、見てる世界が全然違っているなと思いました」

断ったら怒られるから結婚した

由実さんは、昭二さんの好きなところを挙げられない。子供を作る気もない。未来を共有する気も、一緒の墓に入る気も最初からなく、お互いについて大事ことを話し合ってもいなかった。結婚を軽く考えていたとはいえ、ますます昭二さんのプロポーズを承諾した理由がわからない。

「正直言うと、プロポーズを受けた時点では交際から3年が過ぎていて、もうそんなに昭二のことを好きじゃなくなってたんです。だけど、この辺で結婚しなくちゃいけないかな？　今まで付き合ってきたし、今さら結婚しないのもよくないかなあって」

しかし、当時の由実さんはまだ27歳。結婚を焦る年齢でもない。すると由実さんは、遠い過去を思い出すような表情を浮かべながら、こう言った。

「もともと上司だったという関係性もあって……。不思議な〝圧〟というか……。もう引き下がれないな、いま断ったら怒られるかなって」

耳を疑った。

断ったら怒られるから、結婚した？

「昭二は交際中から、どこに地雷があるかわからない人でした。ふたりでステーキを食べたとき、私が彼の前にフォークを置いたら、異常なほどキレ出したことがあります。テーブルに食器を直置《じかお》きするのがありえないって。それで、ものすごい勢いで延々と説教されたんです。こういうことは何度もありました」

それは……モラハラではないのか？

「手は出ないけど、壁をガンガン叩いたりはしていました。『それは嫁としてどうなんだ』と、私を人格ごとダメ出ししてくることも多かったです。だから常に怒られないように、怒られないように、ビクビクしていました」

完全にモラハラだが、由実さんはこんな大事なことを、取材が始まって1時間以上、一言も口にしなかった。むしろ、いの一番に説明するはずの「夫婦関係の綻び」のはずなのに。

「他にもすごいことがあったと思うんですけど、忘れちゃいました。そのときは、もう無理だなと思って、1カ月くらい実家に逃げ帰りました」

ええと、それはモラハラですよね？　と言うと、由実さんは、こともなげに言った。「そうですか？　でも普段はすごく優しいんですよ？」

戦慄した。妻の不倫は夫が公認。夫は妻にモラハラ。しかも妻は、モラハラされていたという自覚がない。

夫が逮捕される

肝心の離婚理由を聞き忘れていた。

「ある日の深夜、警察から電話がかかってきました。旦那さんが交際相手の女性を脅して逮捕されました、と」

由実さんだけでなく、昭二さんも不倫していたのだ。しかも「逮捕」とは穏やかではない。

「不倫相手は普通のOLで、B子という虚言癖のあるメンヘラ女でした。昭二とずっと関係を持っていたそうですが、他に男ができて昭二と別れたくなり、〝昭二はひどい男だから、やむをえず逃げた〟というストーリーを捏造したくなったようです」

B子さんは昭二さんを怒らせて〝暴言〟を吐かせるべく、周到に準備した。待ち合わせの場所を当日に転々と変えることで、昭二さんから「ふざけんなよ、お前殺すぞ！」というメッセージを引き出したのだという。それが「脅迫」とされ、逮捕された。

由実さんがモラハラを受けていたことからもわかるように、昭二さんはキレやすい。B子さんはそれを利用して罠《わな》にかけた。

「昭二が不倫したことは、まあ仕方ないなと思いました。私だって同じことをしていたので、責める資格はありません。傷ついたと言う気もないです。ただ、だったらなぜ早く離婚を承諾してくれなかったのかと思いました。私はもっと前から離婚したいと意思表明していたのに」

昭二さんの気持ちは、今となっては推し量るべくもない。ただ、昭二さんが、由実さんからは絶対に供給されないものをB子さんに見いだしていたのは、たしかだ。

「B子は相手を束縛する典型的なかまってちゃん、執着の塊でした。私とは正反対のパーソナリティです。昭二は〝それ〟を欲していたんでしょうか……」

地獄からの生還

昭二さん逮捕後の由実さんは、文字通り地獄を見た。

「警察から電話が来た瞬間の光景は……今でも、ことあるごとにフラッシュバックします。自宅マンションは家宅捜索されましたし、容疑者の配偶者としてしなければならないことがたくさんあって……。ただ、親兄弟や親しい友人たちは私のために怒ってくれたけど、当時の私の感情は〝無〟でした。どういう感情を持てばいいかわからないほど混乱していたんです」

悪いことに、この件はニュースとして報道されてしまう。昭二さんの実名は伏せられたが、昭二さんは出勤できなくなり、会社中に醜聞が知れ渡った。元部下として3年前までその会社に在籍していた由実さんが昭二さんの妻であることも、もちろん知られている。

「今では、友人との飲み会で当時の話をネタっぽく披露することもあります。テッパンで受けますし、みんなすごく喜んでくれるので。だけど、本当は話すたびにすごく胸が苦しくなるんですよ。私は、私が思っている以上に傷ついていたんだなって、今になって痛感します」

取材によってつらい記憶を掘り起こさせてしまっていることを詫《わ》びると、由実さんは「いえ全然」とはにかんだ。

結局不起訴になり、昭二さんと由実さんは、150万円の示談金をB子さんに支払うことになった。由実さんは疲れ果て、昭二さんは警察からの厳しい取り調べに神経をやられ、自殺が心配されるほど衰弱していたという。もはや夫婦ともにボロボロの状態。しかし由実さんの心は折れなかった。

「私はそれまでの結婚生活で、窮屈だとか寂しいと思ったことはあっても、昭二に腹を立てて何か言い返したりしたことは、一度もありませんでした。だけどこの逮捕劇のあと、ようやく昭二に怒りの感情が湧き、面と向かってものが言えるようになったんです。私を傷つけて憎いということとじゃなくて、なんであんなくだらない女に騙《だま》されてんの⁉って。そういう苛立ちです」

なんと由実さんは、B子さんを相手取って訴訟を起こし、「精神的苦痛を被った」として慰謝料を請求した。結果は勝訴。150万円がそのまま返ってきた。

「お金はどうでもよかったんです。人間の、尊厳の問題でした」

夫に自己主張できるようになり、夫の不倫相手に屈辱を晴らした由実さん。2つの意味で人間の尊厳を取り戻した由実さんは、晴れて離婚することができた。

何も持ってないけど、寂しくない

由実さんには現在交際中の彼氏がいて、同棲中だという。だが「結婚の予定はありません」ときっぱり言い切った。

「今の彼は妻子持ちで、目下《もっか》離婚裁判中です。調停から数えると、もう10年近くも引っ張っていて、まだ離婚できていません。それを横で見ていると、そこまでして解消するのが大変な結婚って、一体何なんだろうって、つくづく考えてしまうんですよ」

一度執着すればこそ、束縛すればこそ、それを解消するのは難しい。

「彼の長所は、ひとつだけ。話がおもしろいことです。コロナ禍でも、日がな一日、部屋でずっとおしゃべりしています。一日中同じ部屋にいても、全然飽きないんですよ。彼の年収は昭二に及ぶべくもないし、今の収入の多くを奥さんと子供たちに婚費として支払っているので、経済的には、もう全然（笑）。ほとんど私が養っているようなものです」

「でも」と由実さんは続けた。

「おしゃべりしてて楽しい、ただその一点だけで彼と一緒にいられるのは、前の結婚生活が本当に苦しかったからです。昭二との会話は、本当につまらなかった。会話と言えば、夕食時に『塩取って』『ボウルどこ？』とか、そんなのばかり」

話し相手をこんなにも心地よくさせる由実さんなのに、かつて結婚していた夫は、それを1㎜たりとも享受することができなかった。

「前の結婚は、寂しさを何で埋めようかを探し続けている3年間でした」

埋める先が、常時2、3人いた不倫相手だったのだろうか。

「私は所有欲がないから、ものはいらない。子供もいらない。だけど、寂しいのだけは嫌いでした。今の彼は何も持っていないけど、一緒にいれば寂しくない。それだけで私は十分だったんです。ようやく、たどり着きました」

生まれて初めて、感情的になれた

由実さんは、「ああそうだ、もうひとつ」と言って切り出した。

「今の彼は、生まれて初めて私が感情的になれた人です。彼の前では、怒りのスイッチが入ると、わーって詰め寄っちゃうんですよ（笑）。前の結婚生活では、そんなこと一度もなかったですし、そもそも私、親と喧嘩したことすら一度もありません」

最後の最後に、ことの根幹に関わることをさらっと言い放つ由実さん。

「母から何を言われても、全部受け入れていました。頑張って我慢していたということでもなく、ごく自然に。そういう子でした。私、誰かに自分の要望を聞いてもらおうと思ったことが、今までの人生で一度もなかったんです。今の彼と出会うまでは」

人は、期待が裏切られるから怒る。誰かを思い通りにしたいのにできないから、苛立つ。しかし、はなから要望しなければ、相手に執着しなければ、怒りは湧かず、失望もしない。要望を封印するのは、自分が傷つかないための自衛手段なのだ。

由実さんが大学で二股をかけられたとき嫉妬心を封印したのも、同じような理由だった。

「大学時代の二股で作り替えられてしまった自分が、今の彼と出会ってようやくひっくり返ったというか。人として、えっと……」

「成長した？」と言うと、由実さんは「それそれ！」と屈託ない笑顔を筆者に向けた。改めて思う。彼女と過ごす時間に値千金の価値を見いだす男性は、それはそれは多いだろう。なので、失礼とは思いながらも最後に聞いた。「常に2、3人いたボーイフレンド、今でもいるんですか？」。由実さんは、わずかに口角を上げて言った。

「んー、どうなんでしょうね」

昭二さんが「宇宙人」と言った気持ちが、ほんの少し理解できた。

Case #12

あるべき場所に

広田美波

スマホで発覚した夫の浮気

「離婚の原因自体は、ありふれたものです。レストランで夫と食事中、夫のスマホ画面に、浮気相手からのメッセージがバナーで表示されました。それがたまたま目に入ってしまったんです」

目に入ったメッセージは「こないだはありがとう！　楽しかったね。次は何を食べに行こうか？」。言い逃れようのない内容だった。

グリースでタイトにまとめられたショートボブに大きな目、すらりと通った鼻筋。タイトなパンツスタイルの広田美波《ひろたみなみ》さん（36歳）は、足を運んでもらった出版社の会議室で、そう話し始めた。目を奪われる、という言葉がこれほど似合う女性はいない。大人の魅力にあふれたクールビューティ。ある作家の個人事務所に勤務しているそうだ。

レストランでの一件が起こったのは、今から6年前。美波さん30歳、夫の昇《のぼる》さんが35歳のときのことだ。結婚3年目、子供なしの共働き夫婦。ずっと仲睦《なかむつ》まじかった。それまで昇さんに浮気の兆候は一度たりともなく、不仲になるような心当たりも、美波さんにはなかったという。

「突然でした。昨日まですごく仲のいい、なんの問題もない夫婦でしたから。怒りより、驚きのほうが勝っていましたね」

ことの顚末は、ありふれたものだ。美波さんが昇さんを問い詰める。昇さんはシラを切る。美波さんが食い下がる。しかし暖簾《のれん》に腕押し。それを機に夫婦の性生活は一切なくなり、家庭内別居。2年後に離婚。

「べつに、おもしろい話なんてありませんよ」

うっすら笑いを浮かべる美波さん。

「ただ、今になって思えば、彼の浮気は離婚の根本的な原因ではなかったと思います。たぶん」

では、何が原因だったのか。

「ええと、何から話しましょうか……。私、彼と交際を始める24歳まで、自分の性に違和感を感じていたんですよ」

「女の子らしさ」が嫌だった

関東の地方都市に育った美波さんは幼い頃からスカートを嫌がり、女の子らしい格好をさせたい母親を困らせた。服は3つ離れた兄のお下がりがお気に入りで、半ズボンで泥遊びするような毎日。身につけるものや文房具なども赤やピンクは徹底的に避けた。小学校に入ってもそれは変わらず、クラスの女子たちが読んでいた「りぼん」「なかよし」といった少女漫画雑誌にも、一切興味がなかった。

「高学年のクラスではガキ大将みたいな存在でした。成績もいいし、運動もできたので。自分で言うのもなんですけど、みんなから一目《いちもく》置かれていましたね」

中学は両親の方針で、その地域では名の知れた女子高を受験。見事合格する。

「女子高ですが、〝女の花園〟というより、言ってみれば〝無性〟状態の学校。すごく楽でした。比較対象としての男性がいないので、自分が〝女〟であることを意識しなくてもいい。自分の〝生物学的な性〟を見つめなくて済んだんです」

卒業した美波さんは、都内にある共学の某有名私立大へ進学。中高でフットサル部だった美波さんは、そこでもフットサルサークルに入部する。

そこは、関東の大学同士で対外試合を組むような、かなり本気、かなり体育会系の男女混合サークル。美波さんは、古着屋で買ったダボダボのシャツやオーバーサイズのデニム、あるいはジャージなどを身にまとい、頭にはキャップ、背中にはリュックのスタイルで通学し、日々練習に励む。

「すっごく汚い格好で（笑）。いわゆる赤文字系雑誌［＊］にはまったく興味がありませんでしたし、もちろんノーメイクでした」

女子高があまりに「楽《らく》」だったばかりに、卒業後に共学の大学で男性とのコミュニケーションがうまくいかず、そのままこじらせて社会人になり、彼氏ができない……というケースは巷でよく聞く。しかし美波さんは、そうはならなかった。

「兄ととても仲がよかったからか、男性に苦手意識はなかったです。なので、同級生の男の子たちとはすごくフランクに接していました。肩を組んだりボディタッチしたりも日常茶飯事でしたね」

しかし、ある同級生男子からの一言が、今まで一点の曇りもなかった美波さんの人生に、最初の影を落としてしまう。

「『お前、自分のこと、男だと思ってない？　それ、違うから』って。最初は彼が一体何を言ってるのか、ピンと来ませんでした」

しかし、たびたび同じようなことを言われた美波さんは、あるときはっと気づいてしまう。自分が「とても女性的な美人顔」であり、「とても女性的な体つき」であるということに。

いくらノーメイクでも、ダボダボのTシャツを着ていても、隠すことができないほどに、美波さんは〝女の香り〟を発していた。

［＊］異性に対する好感度やモテを意識した、20代前半女性向けファッション誌の総称。「ＪＪ」「ＶｉＶｉ」「Ｒａｙ」「ＣａｎＣａｍ」など

「男性になりたい」わけじゃない

「毎日、すごく苦しみました。お願いだから私を〝女性〟として見ないでくれって」

ただ、美波さんは同性愛者ではない。性自認（自分の性をどう認識しているか）と性的指向（どんな性を好きになるか）は無関係なのだ。

「これはなかなか理解してもらえないんですが、大学時代は彼氏もいましたし、性行為もしていました。私の性的指向は異性なんです」

当時の彼氏との自撮り写真を見ると、まるで男の子がふたり並んでいるようだったという。

「こういう話をすると、じゃあ手術しておっぱい取れば？　みたいなことを言う人がいるんですけど、それも違うんです。見た目に〝男性になりたい〟んじゃない。ただただ、女性っぽくふるまうことにものすごく抵抗があった、とにか」

今でこそ、性自認や性的指向に関する社会の理解は進んでいるが、美波さんが大学時代を過ごした２０００年代は、ＬＧＢＴはおろか、「女性的な格好はしたくないが、恋愛対象は男

性」というセクシャリティを理解する人はかなり少なかっただろう。大学のキャンパスともなれば、なおさらだ。

美波さんの当時の一人称は「自分」。「私《わたし》」とは、口が裂けても言えなかった。就活の面接で「自分」と言い続けていたら、面接官が不思議そうに「君は体育会系なの？」と言ってきた。当時はその意味するところがわからなかったという。

やがて美波さんは、ある大手企業に就職。しかし就職活動中に彼氏と別れてしまう。

「別れた理由は単なる自然消滅でしたが、その後彼が付き合った相手の写真が共通の友人経由で流れてきて、思わず笑いました」

そこには、つやつやの長い髪が綺麗に巻かれ、メイクばっちり、ひらひらのブラウスにフェミニンなスカートをまとった、「女性性の塊」のような女性が写っていた。美波さんとは「まるっきり正反対」と言ってよい。

兄弟のような関係性

就職した会社は服装が自由だった。美波さんは大学時代に着ていた中性的なストリート系のファッションで出勤し始める。

「当時の先輩に不思議そうな顔をされて、『それ、何かの練習着なの？』って言われました。同期の女子からも、かなり浮いていましたね」

会社内に趣味のフットサルサークルがあったので入部。女性で美波さんほど本気のプレーをする社員はいなかった。そこで出会ったのが、のちの夫である昇さんだ。色黒でがっしりした体格。営業職で、サークル内では世話好きで面倒見のいい兄貴として慕われていた。

「社交的で、誰にでも優しくて、気遣いもできるし、頼もしい。尊敬できる先輩でした。性自認の件で入社後もモヤモヤを引きずっていた私でしたが、何ごとにつけ常にポジティブな彼のことが大好きになりました。ただ、恋愛感情は一切なかったです。彼、長く同棲している彼女がいたので」

昇さんも美波さんと同じく、大学時代はフットサルに没頭していた。当然、会話も弾む。飲み会では、昇さんが美波さんの隣に来ることも多くなった。しかし昇さんは、決して美波さんを個人的に誘うことはしなかった。

「弟と接するみたいにしてくれて、すごく楽でした。彼が私を〝オンナ〟として見ていないことが、むしろありがたかったんです」

美波さんの会社は、いわゆる〝イケイケ〟だった。

「社風はすごくチャラかったです（笑）。社員の平均年齢も若くて、男性はみんな日サロと筋トレに励んでるイメージだし、女性は愛され系のファッションにすごくお金をかけていて、女子力磨きに余念がない。合コンも頻繁に開催。社内で誰が誰の元カレで、元カノで……なんて話も、そこここで聞きました。ダボTでノーメイクの私は、すごく浮いていたと思います」

美波さんが入社して2年後、転機が訪れる。昇さんが彼女と別れたのだ。美波さん24歳、昇さん29歳だった。

「私、女の子でよかった」

「彼がフリーになったのをきっかけにして、驚くほど自然に交際が始まりました。兄弟みたいな仲の延長で、〝これって、もう付き合うよね〟という雰囲気で。たとえるなら、続き物の漫画の1巻を読み終わったから、本棚の2巻に手を伸ばす、みたいな。手を伸ばす説明は特にいらないよね、って感じ」

数カ月の交際ののち、ふたりは同棲をスタート。同じ屋根の下で寝食をともにし始めた途端、美波さんの心境に大きな変化が訪れる。

「生まれて初めて、女の人として綺麗にならなきゃって思うようになりました。こんなに素敵な男性が隣にいるんだから、私も綺麗にならなきゃ。化粧をして、女の子っぽい服を着なきゃ。スカートをはかなきゃ。私が女性として綺麗であることが、彼に花を持たせることになるんだ、って」

「私が女性として綺麗であることが、彼に花を持たせる」？　人一倍性自認に問題意識を持つ才媛にしては似つかわしくない、きわめて旧時代的と言わざるをえない価値観だ。そんな筆者の戸惑いを察したのか、美波さんは微笑みながら付け加えた。

「あ、一応言っておくと私、ジェンダー平等の意識は高いほうだと思います。私の母校の校風はご存じですよね（笑）」

もちろん知っている。在校生にも卒業生にも、進歩的で舌鋒《ぜっぽう》鋭い「強め」の女性が多いことで知られる大学だ。

「母校の諸先輩方が聞いたら、激怒するでしょうね。でもそのとき、生まれて初めて、私の生物学的な性と精神的な性が一致したと思えたんです。すごく腹落ちしました。そういう圧倒的な納得を前にしたら、社会的な正当性とか〝ジェンダー〟なんてバズワード、簡単に吹っ飛ぶんですよ（笑）」

美波さんは、当時を思い出すように、うっとりした表情をたたえて言った。

「私、女の子でよかった、って。心の底から思いました。長い苦しみからようやく解放されたのだ。

「それくらい、旦那さんのことが好きだったんでしょうね、私」

美波さんはこの取材ではじめて、昇さんのことを「旦那さん」と呼んだ。

元夫の現妻

ここまで、美波さんと昇さんのカップルにはなんの綻びも見えない。美波さん27歳、昇さん32歳で結婚。以降3年間、夫婦の間には喧嘩はおろか、ちょっとした諍《いさか》いすらなかった。

にもかかわらず、なんの兆候もなく昇さんの浮気が発覚したのだ。

美波さんが浮気を問い詰めても、昇さんは否定するでも、弁解するでも、開き直るでもなく、ただただ、問題に向き合うことを避けたという。話し合おうと言っても、「明日は朝早いから」「疲れてるから」と拒絶。そのくせ普段の会話は普通にしてくる。まるで、スマホの一件などなかったかのように。離婚したいのか、したくないのか。それすら意思表明してくれない。

「空気に向かって話しかけるような日々が何週間も続きました。この人が一体何を求めているのか、一体どうしたいのか、皆目わからないんです。私だけが感情を高ぶらせて、ただ摩耗していました。完全なひとり相撲です」

そのままなんの話し合いもしないまま、家庭内別居がスタート。砂を噛むような2年が経過し、そのまま離婚した。今から4年前のことである。

昇さんは一体どういうつもりだったのか。何に嫌気が差したのか。

「わかりません。わからないけど」

と言って、美波さんはスマホを取り出し、1枚の写真を見せてくれた。共通の友人が昇さんのFacebook投稿から拝借して送ってくれた、現在の昇さんの写真だという。

男女数人のキャンプ風景。中央に色黒でがっしりした男性が写っている。昇さんだ。その隣に、短髪でネルシャツ、ジーンズ姿の、まるで少年のような風貌の中性的な女性が立っている。

「今の奥さんだそうです」

違和感を放置しない

美波さんは、このことについて詳しく語ろうとはしなかったので、筆者も「はあ……」とだけ言うにとどめた。とどめざるをえなかった。

ただ、美波さんと筆者は、きっと同じ言葉を飲み込んでいた。「〝そういうこと〟だと断定するのはあまりに早計だけど、〝そういうこと〟の可能性を考えないわけにはいかない」と。

「ほらね、おもしろくないでしょう（笑）」

「たしかに、おもしろい話ではありませんね……」。バカみたいにオウム返しをすると、美波さんは椅子に座り直して背筋を伸ばし、ごく自然に話題を変えた。

「最近わかったことなんですけど。私、小さい頃から、自分の感覚に対して素直に生きようとしすぎていました」

素直？

「ほんの少しの違和感も、放置しておけないたちなんです」

違和感を放置せず、自分の感覚に対して素直であること。それは、彼女の性自認にも、たしかに表れている。

「スカートをはきたくない、だからはかない。それと同じように、教室や職場でも言いたいことを言い、やりたいようにやってきました。学生のうちまではそれでもよかったけど、職場では上司や先輩と当然のように衝突します。実は私、今までに3回転職してるんですよ」

「要するに」と、美波さんは語気を強めた。

「3度とも、私が正しいと思うことと、組織が正しいと思うことのズレに、どうしても我慢ができなかったんです」

〝違和感〟を放置できず、見過ごすことができない。美波さんは多くを語らないが、1度目の転職直前には、思い悩んだストレスで1週間で5kgも痩せてしまったという。

「個を殺し、組織の論理に従うことができない。それが子供っぽいわがままだということは、よくわかっています。でも、どうしようもないですね。これが、私なので(笑)」

「これが、私」には、たくさんの意味が含まれているように聞こえた。

結婚は3年早かった

作家の個人事務所スタッフという今の仕事は、適職だという。

「〝組織の論理〟とか〝集団の空気〟とは無縁の職場なので、すごく楽です。先生からの指示はいつも明快でロジカル。それを決められた手順で、正確に、時間内にこなせばいいだけですから。先生宛ての仕事依頼メールをさばき、献本や掲載誌を整理し、請求書を処理し、たまに運転手として先生を送り迎えする。そこに〝私が正しいと思うかどうか〟を考える余地なんて、これっぽっちもありません」

説明する美波さんの顔つきは、実に穏やかだ。

「しかも私、新規の依頼が面倒案件になるかどうかが、前もって大体わかるんですよ。メールの依頼文面や、先方とのちょっとした電話の会話で。たぶん、そこが先生に重宝されているんだと思います」

〝違和感〟に敏感であることが、仕事に生きている。

「ただ私、人生で一度だけ、違和感をスルーしてしまったことがあります」

美波さんと昇さんが同棲を始めた当初、昇さんは「美波が30歳になったら結婚しよう」と言った。美波さんはそのつもりで、30歳までの人生計画を立てる。しかし昇さんは、なぜか3年も前倒しして、美波さんが27歳のときに突如プロポーズしてきた。

「正直、嬉しさより戸惑いのほうが大きかったです。まだバリバリ働きたかったので子供を作る気はなかったですし。すごい〝違和感〟がありました。今じゃないし、これじゃない。心の声はそう囁《ささや》いたんだけど、振り切ってしまいました。大切な人のプロポーズにNOと言えるだけの勇気が、当時の私にはなかった」

プロポーズ自体にも「これじゃない」感があった。

「彼とのクリスマス近くの週末。行き先を前もって告げないサプライズデートに連れて行ってくれるというので、すごく楽しみにしていました。着いた先はビルの屋上。ヘリコプタークルージングです。都内の上空を回遊して、本当に気持ちよかった。で、地上に降りたら、彼がひざまずいてきました。例の、指輪のケースをパカッと開けるプロポーズ」

しかし美波さんは、手放しで「感動」することができなかった。

「とっても嬉しかったですよ。嬉しかったんですけど……。なんて言うか、クサいと言いますか、ちょっとtoo muchと言いますか……。ヘリのローターもまだ回ってるからうるさいし、屋上だから風もすごいんですよ。だからお互い大声になるし、私の髪もぐちゃぐちゃになってしまって。ロマンチックとはほど遠い。正直、今、ここじゃなくても……と思ってしまう自分がいました……」

ただ、その場では笑顔でプロポーズを受け入れた。

「でも、『何かが決定的に違う』という想《おも》いは、ずっと拭えませんでした。彼を責めたいってことじゃありません。もっと……大きな話です」

美波さんは、伏し目がちに言葉を継いだ。

「いま思えば……いま言語化するなら……あれは、いずれ何か大きな歯車がずれてしまうことの予兆、核心そのものだったのかもしれません。たぶん、私は見て見ないふりをしたんです。せっかく神様が用意してくれた、大事な大事なヒントを」

〝着地〟した人生

美波さんは結婚式が近づくにつれてマリッジブルーになっていったが、「これでいいんだ。

予定が少し前倒しになっただけだ」と自分に言い聞かせて耐えた。しかし不思議なことに、いざ結婚式を迎えてしまうと、そのような違和感はあとかたもなく消えたという。

「嘘みたいに消えました。ちょっと怖いくらいに。神様も諦めたんでしょうか（笑）。でも……それと引き換えだったのか、その後ふたりの間で、子供を作ろうという話は一度も出ませんでした」

大人っぽい美波さんの口から、思春期の少女が使いそうな〝神様〟という言い回しが何度も繰り出される。妙な感じだ。

「あのときプロポーズを受けないで、予定通り3年後の30歳まで結婚を待ちたいと言っていればば」

言っていれば？

「3年後、つまり結婚直前にスマホで彼の浮気が発覚して、そのまま破局したでしょう。つまり、彼とは結婚していなかった」

プロポーズを受けたのは間違いだった、ということか。

「いえ、あれが人生の分岐点だったのはたしかですが、どっちを選んだら正解、という話ではない気がします。私の性自認みたいなもので（笑）。大事なのは正解と不正解を選別することじゃない。現実を、どう肯定するか」

悟り切ったような表情を浮かべる美波さん。

「この年になってようやく、日々の生活と自分の感覚を一致させることができるようになりました。〝違和感〟のない毎日です。ここまで来るのにだいぶ遠回りしましたけど、ようやく固い大地に着地できた気分です」

取材開始から3時間以上が経過し、時計は午後10時を過ぎていた。話が終わって立ち上がった美波さんから、香木のようないい香りが漂う。甘くはない。大人っぽく、どちらかと言えば男性的で落ち着いた芳香だ。

会議室を出ると、廊下は必要最低限の照明を残して消灯されていた。会議室は編集部と別フロアなので、我々以外に人影は見えない、しんと静まり返った冷たい廊下で、美波さんは小さくつぶやいた。

「そういえば私」

あたりは薄暗く、美波さんの表情が確認できない。

「離婚してから一度もスカートをはいてないんですよ」

第6章

ぼくたちの結論

Case #13

園田圭一

シュレーディンガーの幸せ

童顔・スレンダーのヲタ妻

園田圭一《そのだけいいち》さん（39歳）は、大手企業の財務部に数年在籍したのち、退職して某エンタメ系ベンチャー企業の立ち上げにCFOとして参加。同社を軌道に乗せた立て役者として、CEOから絶大な信頼を得ている人物だ。

筆者はそのCEOと以前から知り合いで、ある飲み会で園田さんを「とにかく仕事ができる男。抜け漏れというものがない」と紹介された。社交性に富んでいて話しやすく、映画、アニメ、漫画、ゲームなどの知識が豊富。それらの文化的な意義や歴史にもかなり通じている。

園田さんは2010年、27歳のときに当時24歳の莉子《りこ》さんと結婚し、10年後の2020年に離婚した。子供はいない。

ふたりが知り合ったのは、コミケ［*］の会場。それぞれ別の友人と会場を訪れていたが、園田さんの友人と莉子さんの友人が知り合いだったことから交流が始まった。莉子さんが女性にしてはかなり珍しく、とある青年向けアニメに詳しかったため、同作の大ファンだった園田さんと意気投合したのだ。

「莉子は童顔・スレンダーのモデル体型で、少女っぽいフリルのついた服が好み。いかにもオタクからモテそうなオーラ全開でしたが、本人は社交性に乏しく人嫌いで、同性・異性ともに友達が少ない。過去に付き合った男性はいたものの、肉体関係までいったのは僕だけだと言っていました」

［＊］「コミックマーケット」の略。毎年8月と12月に東京国際展示場（東京ビッグサイト）で開催される、世界最大の同人誌即売会

皿やコップが飛んできた

ふたりは交際を始めて半年で婚約、知り合ってから1年後に入籍。都心の高層マンションに引っ越し、しばらくは平穏な日々が過ぎていった。ところが、結婚から約2年後のある日。

「家事の分担に関して、ささいな言い合いになったんです。莉子が掃除することになっている脱衣所が何週間も放置されていたので、余裕ないなら俺やっとくよと言ったら、私は仕事で疲れてるのよと怒り出して」

当時、莉子さんは定時で終わる事務仕事を短期間のうちに転々としていた。元来の人嫌いによって、どの職場にも馴染めなかったからだ。月収は最高でも17万円。職場では常に神経をすり減らし、毎日ヘトヘトになって帰宅。もともと人より体力がなく、疲れやすい体質だったことも災いした。

園田さんのほうも、仕事のトラブル処理に伴う連日の深夜残業で、疲労とイライラが溜まっていた。「疲れてるのよ」と言う莉子さんに思わず言ってしまう。「じゃあ仕事を辞めたら?」。実際、園田さんの収入だけでも十分に生活はできたからだ。すると……。

「莉子がヒステリーを起こしました。泣いてわめき散らしながら、皿やコップや茶碗《ちゃわん》を次々に投げつけてきたんです。ガチャーン! と、ものすごい音を立てて目の前で食器が次々と割れ、錯乱した莉子が怒号を発してきました」

突如、園田さんを動悸とめまいが襲った。立ちくらみがして冷や汗も出てきた。たまらずトイレに駆け込み、嘔吐した。

「僕、ものを壊す系の人が……本当にダメなんです」

女性のヒステリーで嘔吐する

園田さんの生い立ちは少々複雑だ。

「両親は僕が4歳のときに離婚してるんですが、そのときの記憶は鮮明に残っています。とにかく父と母は仲が悪くて、しょっちゅう喧嘩。その母が、激昂するとヒステリーを起こして奇声を上げ、近くにあるものを叩きつけて壊すんです」

この強烈な体験により、園田さんは女性のヒステリーや、それに伴ってものを壊すという行動に極度の恐怖心を抱くようになった。

「莉子のヒステリーで、当時の記憶がフラッシュバックしました。心臓がバクバクして……恐ろしかったです」

両親の離婚後、園田さんは母親に引き取られた。彼女は当時、関西のとある歓楽街でホステスとして働いており、そこの常連客と再婚。園田さんに新しい弟ができる。ところが、園田さんと継父は折り合いが悪かった。

「継父は昭和40年代に辺鄙《へんぴ》な山間部の村から集団就職列車で上京した工員です。母親よりうんと年上。その彼がものすごく感情表現が乏しい人で、何を考えているのかさっぱりわからない。すごく苦手でした。ときどき突然機嫌が悪くなって母や僕に当たるんですが、そのきっかけも全然読めないんです」

母親のヒステリーも相変わらず。両親がいつ爆発するかもしれない恐怖に園田少年はいつもおびえていた。

「だから僕、周囲の大人の顔色を常にうかがう子供でした」

女性のヒステリーに対する尋常でない恐怖心と、人の顔色を常にうかがう癖。この2つの資質が、園田さんを長い長い地獄に引きずり込んでゆく。

「莉子が初めてヒステリーを起こしたあの日から、彼女が二度とヒステリーを起こさないためにはどうすればいいか？　だけを考えるようになりました。莉子が平穏な心で毎日を過ごせるように、僕が全力で環境を整えねばと」

園田さんは、莉子さんの顔色だけをうかがって生きていくことを決意し、それを完璧に実行する。二度と、あのような怖い思いをしないために。

「寝かしつけに来て」

園田さんは、それまで莉子さんが2割程度負担していた生活費を、ほぼ全額負担することに決めた。

「莉子はいつも自由になるお金が少ないと僕に不満をぶつけていました。不満が蓄積すれば、いずれは爆発するでしょう。そういう危険を根本から断つには、僕が全部出したほうがいいなと」

結果、莉子さんの稼ぎはすべて莉子さんの遊興費と貯蓄に充てられるようになった。

さらに、園田さんが8割がた担当していた家事も、100％担当することにした。そうすれば、家事分担の比率で言い合いになることはない。

「莉子は箱入り娘でひとり暮らし経験がなく、結婚当初は掃除も洗濯も料理もまったくできない子でした。だから半分とは言わないけど、身の回りのことくらいはできるようになろうよと説得して、結婚後に少しずつ家事を教えたんです。ただ、うまくできなくてイライラすることも多くて。いつ爆発するかわからない不安に僕が駆られるくらいなら、いっそ全部やってしまおうと」

平日の夜はいつもこんな感じだ。

「僕が毎日夜9時頃に帰宅すると、5時半退社の莉子はゲームをして待っているので、僕が料理を作って一緒に食べる。もちろん莉子のリクエストを100%聞いた献立です。帰宅があまり遅いと夕食がずれ込み、『翌日、胃にもたれる』と莉子の機嫌が悪くなるので、何かデリバリーして先に食べていてもらい、僕はお詫びにスイーツを買って帰る」

「腫れ物に触るような」という表現がぴったりだ。完全なるご機嫌取りではないか。

「そうですよ。だけどヒステリーを起こして目の前でものを壊されるより、ずっといい」

園田さんより若干早い出社時間の莉子さんは先に就寝するが、莉子さんはほぼ毎日、こう言ってきた。

「寝かしつけに来て」

加速する姫気質

莉子さんは結婚当初から「姫気質」だったが、ヒステリー事件後はそれが加速した。

「外食に行って思ったほど美味しくないと、僕にネチネチ文句を言う。ディズニーランドに行って思ったほどアトラクションの数をこなせないと、僕に当たり散らす。会社の愚痴や日常の不機嫌を延々と僕にぶつけてくる。僕はその都度、時間をかけてなだめすかし、僕のせいではなくても深々と謝罪し、機嫌直しに何か買ってあげていました」

莉子さんは基本的に、「あなたには、荒ぶってる私の心を慰める義務があるのよ」という態度で園田さんに接した。

「とにかく依頼心が強い。僕に全体重をかけてくる癖がついていました」

体力のない莉子さんのため、結婚当初から一緒に始めていた趣味のランニングでも、姫気質は爆発した。

「車でちょっと遠出して、海岸沿いの気持ちいいランニングポイントに行ったんです。莉子の希望で。ところが、海風がベタベタするうえに春にしては結構気温が高く、莉子が途中でへばってしまったんです」

道にへたり込んだ莉子さんの表情はみるみる〝怒り〟へと変わり、「もう疲れた！」「暑い！」を大声で連発。

「どうしたって車のある場所までは戻らなきゃいけないので、なだめながら手を引こうとするんですけど、僕の手を振り払って、てこでも動かない。最終的には『もういやだーーー！』って泣きじゃくる」

大声でわめく莉子さんを前に、動悸と吐き気が止まらなくなった園田さん。すると、莉子さんが追い打ちをかけるように言った。

「何？　お前のせいで俺がつらい、みたいな顔しないでよ！」

薬の力を使って抱く

夫婦間のセックスは減っていった。

「ヒステリーを起こした莉子に、性的な魅力を一切感じられなくなりました。泣きわめき、ものを投げては壊すような人に興奮なんてするわけがない」

園田さんから誘うことは皆無となり、莉子さんからの誘いも園田さんは何かと理由をつけて断るようになった。

「当然、莉子は『私に女性としての魅力がなくなったの？』と不満げに言ってきました。まさか自分のヒステリーが原因だなんて彼女は思ってないし、僕も絶対に言わない。言えばまたヒステリーになりますから」

しかし、このまま拒否し続けていれば、いずれ莉子さんは不満を爆発させ、結局はヒステリーを起こす。園田さんは〝薬の力〟を借りた。

「いわゆるバイアグラ的な、勃起不全用の薬を飲みました。飲んでもこの程度か、というくらいの効果でしたが。とにかく、数ヵ月に1度の〝おつとめ〟はそれで乗り切りました」

園田さんは、あらゆることが「莉子さんの望み通り」になるよう知恵を絞り、工夫を重ね、配慮を施した。その甲斐《かい》あって莉子さんのメンタルは少しずつ安定していったが、その状態をキープするには日々の工夫や配慮をやめるわけにはいかない。園田さん自身もそれをよくわかっていた。

園田さんの会社のCEOの言葉、「とにかく仕事ができる男」が思い出される。さぞかし完璧に、莉子さんの〝介抱〟を行っていたのだろう。抜けも漏れもない、完璧な仕事だ。

巧みすぎる人生航海

莉子さんの極端な姫気質について、園田さんは「彼女の不幸な生い立ちが影響している側面は無視できない」と言う。その詳細をここに記すことはできないが、ひとつだけ書けるとすれば、「莉子さんの母親もヒステリーで、ものを投げて壊す人だった」ということだ。

結婚前に、ヒステリー気質の片鱗《へんりん》のようなものは発見できなかったのか。

「いえ、まったく。友達がすごく少なかったことや、『人に興味がない』が口癖だったことは、ヒントだったのかもしれませんが……」

園田さんは、自分が莉子さんを甘やかしたせいで、より一層「言えば言っただけ、泣けば泣いただけ意見が通る」と莉子さんに思わせてしまったと振り返る。

「でも、僕が断固として莉子の要求を拒否したり、何か意見したり、交渉を試みたりすれば、絶対に揉める。揉めたら絶対にヒステリーになる。泣きわめき、暴れ、ものを壊すでしょう。それだけは……絶対に、絶対に嫌でした」

そのためには、甘やかすしか方法がなかった。

「莉子の人生を莉子の望み通りにするため、僕は自分の感情に蓋をしていました」

しかし疑問は残る。なぜ早く莉子さんと離婚しなかったのか。離婚すればすぐに逃げられるではないか。そう聞くと、園田さんは不思議なことを口にした。

「実は僕、それが異常な状態だということに気づいていなかったんですよ、8年間」

その理由は、園田さんの両親がずっと不仲だったからだ。

「普通の夫婦、普通の家庭がどういうものなのか、わからなかったんです。父親は感情が読めないし、母親はヒステリーで再婚後も不倫していましたからね。そういう異常な状況に対する適応能力が高すぎて、莉子との日々が〝負担〟とか〝苦痛〟とかいう実感がありませんでした。だから、僕自身のメンタルは一切病まなかった」

驚きだ。過去の取材で、この手の「妻から尋常でない不機嫌をぶつけてこられた」男性の多くが疲弊を極め、自分自身も心療内科にかかっていた。園田さんは相当なレアケースだ。

「幼い頃にハードな環境で鍛えられたせいか、僕、自分の心のバランスを取るのがものすごく上手《うま》いみたいなんです。考えても解決できないことは意思の力で考えないようにできますし、傷つきそうになったら事なかれ主義も決め込める。いつ、いかなるときでも、完璧に心を整えられます」

莉子さんとセックスレスになってからは、風俗にも通った。

「それも心のバランス取りです（笑）。何かにつけ、心に開いた穴を秒で埋めるスキルが高かったんでしょうね。だから、ことさら『この結婚生活は苦しい。今すぐ逃げ出したい』と歯を食いしばっていたわけではないんです」

つまり、莉子さんとの結婚生活は、続けようと思えば、いくらでも続けられた。

8年間の眠りから覚める

ところが、莉子さんが最初にヒステリーを起こしてから実に8年後、すなわち入籍から10年目の春。園田さんがひとりでランニングしている最中に、〝それ〟は訪れた。

「そのとき走っていたのは、かなり急な上り坂で、相当息が上がっていました。そういうときは無駄な思考が全部削《そ》ぎ落とされて、頭がすっきり整理されるんです」

ふと園田さんの頭に、1週間ほど前に配信で久しぶりに観た映画『マトリックス』が浮かんだ。

『マトリックス』は、主人公のトーマスが『自分が生きているこの世界は、コンピュータによって作られた仮想現実である』ことに気づき、平和で快適な仮想世界を捨て、救世主「ネオ」として過酷な現実世界で戦うことを選択する物語だ。

「今までに何度も観てる映画だったのに、なぜかそのとき初めて〝気づいた〟んです。ああ、ネオは僕だ。今まで僕は自分の人生を生きていなかった、と」

その瞬間、強烈な嘔吐感が園田さんを襲い、思わず道端で吐いた。

「ランニング中に吐いたのは初めてです」

園田さんが8年間の「死」から目覚めた瞬間だった。

「天啓なんかじゃありません。自力で気づいた。そこが大事なんです」

750万円の復讐《ふくしゅう》

帰宅した園田さんは明らかに様子がおかしかったらしく、翌日、莉子さんに「何か言いたいことがあるなら言って」と言われた。園田さんは莉子さんに胸の内をぶちまける。

「僕は今まで自分の人生を生きていなかった。これからは自分としてちゃんと生きたい。このままだと死んでいるのと一緒なんだ。そう言いました」

驚いた莉子さんは「理解はできるけど、納得はできない」と泣きじゃくったが、幸いなことにヒステリーにはならなかった。しかし安堵《あんど》もつかの間、話し合いを重ねて離婚が正式に決まった途端、莉子さんは信じがたい要求を園田さんに突きつける。

「あなたのために離婚してあげるから、慰謝料として750万払って」

浮気したわけでもないのに、750万円はありえない。というか慰謝料の相場よりずっと高い。何を根拠にこの金額なのか。

「実は結婚が決まったとき、僕は祖母から生前贈与で1500万円もらっていたんです。相続時精算課税制度を使ったので非課税でした。莉子もそれを知っていて、だから半分をよこせと」

あまりに無理筋の要求。しかしそう言われた園田さんは、むしろ迷いが消えたという。

「750万と言われた瞬間、頭がスッと冷静になって、『この先の僕の人生、1分1秒たりともこの人と一緒にいちゃダメだ』と確信しました。泣きじゃくられたときは、さすがに気の毒だと思ったんですが、そんな気持ちは完全に消滅しましたね」

1500万円は「婚姻中に築いた財産」ではないので、財産分与として莉子さんに支払う法的根拠はない。しかし信じがたいことに、園田さんは750万円を支払った。なぜか。

「意見も交渉も、何ひとつしたくなかったし、莉子と一言たりとも言葉を交わしたくなかったんです。それに、そもそもこの要求は、彼女の僕に対する嫌がらせです」

嫌がらせ？

「離婚して嬉しいのはあなた、ダメージを受けるのは私。だったら、あなたも私と同じくらいのダメージを負ってほしい、傷ついてほしい。そういうことです。でもね、そうはいきませんよ。僕は莉子に惨めったらしく値引き交渉なんてしない。眉ひとつ動かさず750万を払う。

言ってみれば……」

言ってみれば？

「復讐ですね。もっと言えば、福祉」

語感は冗談めいていたが、園田さんは一切笑っていなかった。

結婚生活が〝不幸せ〟かどうかは誰が決めるのか

〝死んで〟いた8年間を、園田さんはどう考えているのか。

「いま振り返って、起こった事実だけを並べてみれば、普通の夫婦と違っていたことを頭では理解できます。ただ、地獄だったか、つらかったかと言われると、ピンと来ない。こうして話していても、淡々と事実を振り返りながら『外から観察しているだけ』という感覚なんですよ」

あれほど壮絶な結婚生活を送った当事者にもかかわらず、当事者意識が希薄であるという不気味さ。

「正直言うと、莉子の最初のヒステリーから離婚するまでの8年間の記憶が、すごく薄いんです。起こったことはそこそこ覚えてるけど、そのときどういう気持ちでいたかは、ぶっちゃけほとんど覚えていません」

なぜ？

「自分をちゃんと生きていなかったからだと思います」

感情に蓋をして自分の人生を生きていなかったから、記憶が薄い。それゆえ、つらかったという感覚もない。

だからですね、と園田さんは思わせぶりに言った。

「幸せってなんだという話ですよ」

やぶから棒に、何を言い出すのか。

「もし僕がランニング中に〝気づき〟を得なかったら、今も莉子とは離婚していないでしょうし、気づかなければ気づかないまま、莉子との結婚生活は破綻なく続いていたと思います。特に不満を抱くこともなく。

『マトリックス』に引っかけて言うなら、現実世界のトリニティやモーフィアスがネオを外から観察し、ネオという存在に介入したからこそ、彼は今いる世界が〝嘘〟で〝不幸せ〟で〝自分の人生を生きていない〟と気づけました。

逆に言えば、トリニティやモーフィアスという観察者がいなければ、ネオはトーマスとして暮らしている世界が仮想世界であることはもちろん、その状態が幸せなのか不幸せなのかを判定することもできなかった」

〝観察〟という言い回しが頻発されたので、思わず「シュレーディンガーの……」と言いかけると、園田さんは食い気味に答えた。

「猫！」

そのことに気づかないで、一生を終えていく

「シュレーディンガーの猫」とは、オーストリアの物理学者エルヴィン・シュレーディンガーの思考実験だ。簡単に言うと、「箱の中に入っている猫が生きているか死んでいるかは、観察者が箱を開けたときに決定される」ということ。無論、箱を開けないことには猫を見ることはできないが、開けるという「関与」によって初めて猫の状態が決定される。

「ある夫婦関係が異常だというのは、その夫婦以外の外部の人、つまり観察者が指摘して初めて本人たちが自覚できるものだと思うんですよ。だけど僕、親しい友人からよく言われました。『結婚して7年も8年も経ってるのに、ずっと仲いいよね』って。外からじゃ、何か指摘するどころか実態なんて全然見えないものです」

しかし園田さんはランニング中に、観察者なしの自力で、自分が〝不幸せ〟であると気づいた。

「激しい走りで脳の酸素が欠乏していたからかもしれません（笑）。でも、本当にたまたまです。なにせ8年間も気づかなかったんですから」

物差しを当てる人間がいなければ、ものの寸法はわからない。それが「大きい」のか「小さい」のかもわからない。

「だからね、この世界には、今この瞬間にも、かつての僕と莉子みたいな夫婦がたくさんいるってことですよ。〝そのこと〟に気づかないまま、もちろん離婚なんてしないで、平穏無事に一生を終える夫婦が」

仮想世界で人生を終えたかもしれない、『マトリックス』のトーマスのように？

「それだって、ひとつの幸せだと思います」

園田さんは、今日一番の笑みを浮かべた。

Case #14

土岡純也
縁側とテーブル

あらゆる地獄を見た

土岡純也《つちおかじゅんや》さん（43歳）の存在は、数年前に知っていた。彼がとあるクローズドな場所で離婚体験を発表していたからだ。筆者はその主宰者経由で土岡さんに連絡を取り、取材許可を取りつけて、都内のファミレスまで足を運んでもらった。

土岡さんの第一印象は、最近の吉田栄作《よしだえいさく》。いわゆるイケメンだが、頭には白いものが半分以上交じり、目尻の皺《しわ》や頬の影も目立つ。開口一番、土岡さんは筆者に対して申し訳なさそうに言った。

「離婚の詳細な経緯については、話したくありません。あのときと今とでは、なんというか〝気分〟が違っていて、当時のテンションでは話せないんです。妻に対する感情も微妙に変化しましたし。本当にごめんなさい」

離婚の原因については明かせない。土岡さんや元妻のプロフィールも書かないでほしいという。ただ、離婚時の苦しみについて聞くと、堰を切ったように話し始めた。

「離婚に際しては、あらゆる地獄を見ました。人と人って、ここまでなじり合えるものか、ここまで憎み合えるものかと。仕事のこと、住まいのこと、子供を作るかどうか、政治や思想信条、人生設計……すべてを否定され、口撃されました。僕もそれに応戦して、全部の弾を撃ち尽くしました。会社も辞めたし、心療内科にも通った。離婚係争中のある日、朝起きてふと鏡を見たら、そこには〝くたびれた〟としか言いようのない男がいましたよ。僕が想像していた自分の顔より、10歳は老け込んでいました。

『花は咲く』という、東日本大震災の復興支援ソングをご存じですか？　離婚係争中の一時期、あれを一日に何十回もYouTubeで聴いて、ずっと泣いてたんです。文字通り〝ずっと〟です。家にいるときも、移動中も。あれは震災で亡くなった人が、生き残った人に向けた歌なんですよね」

『花は咲く』は筆者もよく知っている。「叶えたい夢もあった　変わりたい自分もいた」の歌詞が、胸に痛い。過去形なのだ。であれば、無理に土岡さんの過去を掘り返すこともあるまい。

「ただ、僕が離婚を報告した両親のことだけなら、話せます」

「家族」の単位にこだわった父

土岡さんの父親は戦後すぐ生まれの団塊世代。地元静岡の企業に40年勤め、その後関連企業に出向して、それなりの地位に就いた。

「父は文字通り〝仕事命〟の男でした。僕は18歳で東京の私大に進学させてもらいましたが、それまでの18年間で、平日に父親と夕食をとった記憶はほとんどありません。毎朝7時に家を出て、帰りは早くて夜9時。母親によれば、週末にも家に仕事を持ち帰っていたそうです」

典型的な昭和の父親だった、と土岡さんは語る。

「4つ離れた姉とともに、僕たちきょうだいは小学生の頃から父の規律にがんじがらめでした。テレビは1日1時間。ファミコンはテレビの時間にカウントされるので、30分ファミコンしたらテレビは30分しか見られない。学校の宿題以外に、毎日3教科以上の問題集を2ページずつやること。テストの点数は厳しく管理されていましたし、成績が下がれば説教され、仏壇の前で反省させられる。風呂掃除、トイレ掃除、食後の食器洗い、庭の水やりなどは、曜日単位できっちり姉と分担が決まっていました」

父親は土岡さんの友達も〝選別〟した。

「町内にいる、ちょっと品行がよくない上級生との付き合いは禁じられました。彼らが下級生を率いて自転車で遠出するときも――と言っても片道30分もかからない大きめの公園や、ちょっとした繁華街ですが――『あそこの息子は不良だから、ついて行くな』とはっきり言われましたね。みんなと一緒に遊べなくて、何度も悔しい思いをしました」

昭和の家族らしく、彼岸の墓参り、初詣、年始の親族回りなど家族行事の出席もマスト。部活があろうが、受験時期だろうが、反抗期だろうが、問答無用で連れて行かれた。

「毎年夏休みには必ず2泊程度の家族旅行が、父のプロデュースで計画されました。父が車を運転して、会社の保養所がある山や海に僕らを連れて行くんです」

高校生くらいまでの土岡さんは、このような家族行事を「うざい」と思っていたそうだ。

「だけど、僕自身が30代半ばで管理職になったとき、ようやく父の偉大さに気づいたんです。若い頃はがむしゃらに仕事をすればそれでよかったけど、管理職は自分だけ頑張ってもダメ。チーム全体を常にケアしていなければなりません。責任の重い仕事も増える。20代とは比べ物にならないくらい会社に人生のリソースを割かなければ、とてもやっていけないんです。朝目覚めてから眠るまで、頭は常に〝仕事をどううまく回すか〟を考えている。どうしたって家庭生活はおざなりになります。

僕が小学生くらいのときの父も30代半ば。あとで母に聞いたら、やはり管理職になりたてで、父の会社員人生の中でも一番忙しい時期だったそうです。にもかかわらず時間をやり繰りして、家族サービスを惜しまなかった。父は『家族』という単位にものすごくこだわっていましたし、大事にしていました」

「与えたものの100分の1でも返ってきたら上等だ」

離婚によって「家族」を手に入れられなかった土岡さんだけに、その言葉には重みがある。

土岡さんが反抗期真っ盛りの頃、家族の食卓でこんなことがあったそうだ。

「日曜の夜に家族4人揃《そろ》って夕食をとっていたときのことです。僕は何かの話題にかこつけて、得意げに『家族なんて旧来的な血縁の単位にすぎないんだから、べつに解体したところで個人の人生には影響がない』なんて偉そうなことを言い放ちました。当時傾倒していた小難しい文章だか小難しい映画だかの、読みかじりだか聞きかじりでね。何もわかってないガキなのに。

すると、それを聞いた父がバシン！　と箸を置いて、『もう一度言ってみろ』と激怒したんです。ただ、怒り方がいつもと違いました。普段は大声でどやしつけるところ、静かにキレてるんです。

場が凍り、皆の箸が止まりました。夕食は鉄板の焼き肉だったんですが、誰も箸をつけない肉がどんどん焦げていく。ジュウジュウという音だけが台所に響いてるんですよ。僕は血の気が引いて、とんでもないことを言ってしまったと後悔しました。父の顔を見られなくて、たまらず黙って席を立ち、自分の部屋に引っ込んだんです。あのときの父は、一体どんな顔をしていたのか……」

健全な男の子ならば成長途上で誰もが通過する反抗期。このときから土岡さんと父親の間に溝ができる。しかし土岡さんが20歳を過ぎた頃には完全に「雪解け」に至っていた。それどころか、土岡さんにとって父親は大きな心の支えになっていく。

「僕は超就職氷河期世代なんですが、就職活動で大苦戦している真っ最中には、電話越しに励ましてくれました。自己評価がどん底にまで落ち込んでいる僕に、『自慢の息子だ』『俺はお前を誇りに思う』なんて言って。知ったふうな就活アドバイスなんて、一切しない。ひたすら僕の存在を肯定してくれた。そんな言葉、実家にいるときには一度も言われたことがないのに(笑)。

これは何年かあとで母に聞いたことですが、父は当時、職場の同僚から、僕のために地元企業のコネ入社枠を用意しようかと持ちかけられたんです。にもかかわらず、父はその場で断りました。家で母に怒っていたそうですよ。『バカにするなよ。俺の息子がコネ入社なんかを喜ぶわけがない』って。父は、本当によく僕のことを理解していました。当時の僕はコネ入社を心から軽蔑していて、そんなふうに就職するくらいだったら、どうしてもやりたい仕事をバイトでもいいからやりたい、と思っていましたから」

初めて管理職になったときには、部下を持って働くことの責任や使命感を説き、土岡さんを鼓舞してくれた。

「地位が上がれば上がるほど謙虚であれ。今まで以上に勉強しろ。部下と酒を飲んでも本音が聞けるなんて思うな。お前は若手たちにとって『会社側』の人間なんだから、その壁を越えられるなんて思うな。目下《めした》の人間には与えるだけ与えろ。何かが返ってくるなんて期待するな。もし与えたものの100分の1でも返ってきたら上等だ、って。……素晴らしい父親です」

すべてを見透かす母

土岡さんの母親は結婚前、土岡さんの父親が勤める会社の子会社に勤めていた。グループ会社が一堂に会する納会の二次会で知り合ったという。結婚で寿退社し、以来ずっと専業主婦だ。

「夫には一切意見しない、亭主関白を支える良妻賢母。絵に描いたような昭和の妻でした。基本的に自己主張はありません。口癖は『お父さんの言うことを聞いて』。僕とは衝突しない代わりに、家庭内ではあまり存在感のない人でした。僕と議論するわけでもないし、家族の決まりごとについての決定権もゼロ。すべて父が決定していましたから」

しかし、土岡さんの結婚に際して彼女は珍しく〝主張〟した。

「元妻とは、結婚の1年半くらい前から同棲を始めたんです。それを父親宛てにメールで伝えたら、父からは賛成と激励の返信が届いたんですが、母からは別途、僕の携帯に電話がありました。そこで、僕にこう言ったんですよ。『あなたの人生なんだから、変に我慢してはいけないよ』。

これにはものすごく驚きました。実はその同棲は、元妻の強い要請によって、半ば押し切られる形でスタートしたからです。当時の僕は、〝押し切られた〟という事実を認めたくなかったので、ちゃんと納得済みなんだと自分に言い聞かせていました。しかし母は、僕のメールの文面から、行間から、見事に真実を読み取った」

ここで土岡さんは、苦労人である母親の出自について教えてくれた。ただ、土岡さんの希望により、それをここに書くことはできない。

「ギリギリの状態の人間が発するかすかな救難信号のようなものを察知する能力が、母にはあるんです。おそらく、彼女自身が幼少期からそういう苦境に身を置いていたせいでしょう。

母はよく言っていました。人間は嘘をつく。大丈夫じゃないのに『大丈夫』だと口にするし、物事がうまくいっていないときほど、聞かれてもいないのに『うまくいってる』と吹聴《ふいちょう》する、と。実際、僕も夫婦の関係が悪化したときにそうでした。飲み会で『夫婦生活はどう？』と聞かれても平静を装っていましたし、元妻と行った観光地の写真をFacebookに上げては、『生活がうまくいっている』ことを周囲にアピールし、『大丈夫だ』と自分に思い込ませようとしていたんです。

そういうのを、母はすぐ見透かすんです。電話の声一発でこっちのメンタルを察して、『無理はいけない』とか『焦らないで』とか『人生は長いから、のんびり』とか『やり直せないことなんか、ないからね』とか言ってくれる。離婚の『り』の字も出してないのに、全部わかっているようで……」

そう話す土岡さんの目が、少しだけ潤んでいるように見えた。

離婚を決めたとき、土岡さんはメールでまず父親に伝えたが、「家族」をダメにしてしまった自分の失敗をどれほど叱責されるか、たいそう恐れたという。「家族」という単位を誰よりも重んじていたのは、父親その人だったからだ。

しかし、父親からの返信メールは予想もしないものだった。

「人生は長く、一度しかない」

「離婚については、元妻との話し合いで最終決定したその日に、メールで父に伝えました。年の瀬も押し迫った頃ですね。理由は書かなかったです。とにかくもう無理だ。結論はもう出ている。親不孝で申し訳ない、とだけ。そうしたら、数時間後に父からこんな返事が返ってきました。今までに何十回も読み返したので、今でも暗唱できます。

『成熟した大人の夫婦が話し合いに話し合いを重ねてその結論に至ったのだろうから、お前の決断は尊重する。人生は長く、一度しかない。我慢して残りの人生を不本意な相手と過ごすよりは、早く人生の再スタートを切ってほしい。母さんも同じ意見だ』」

メールを読んだ土岡さんは、パソコンの前で嗚咽したという。

「僕は、人生の中で、ものすごく重大で残念な決定を、両親に一言も相談しないで決めてしまったんです。あんなに大切に育ててもらったのに、不義理もいいとこですよ。父は家族の大切さを身をもって示してくれたし、母からはたくさんの心に響く言葉をもらった。なのに、僕は何ひとつ応えられなかった。本当に情けない。にもかかわらず、彼らは離婚の理由を聞き出そうともせず、ただ了解してくれました。最高の親です」

父親からのメールには、すぐにでも会いたいと書かれていた。ちょうど12月だったので、土岡さんはすぐに新幹線の切符を取り、年末の帰省がてら、実家のある静岡県に向かった。離婚届の証人欄に署名捺印してもらう目的も兼ねて。

「実家の最寄り駅までは父が車で迎えに来てくれました。前の年まで帰省時は元妻とふたりだったので、毎年座るのは後部座席でしたが、その日は助手席。父の横顔を見ると、僕が思っていた以上に年を取っていました。というか、それまでまじまじと父親の横顔を見たことがなかったんです」

家まで20分ほどの間、土岡さんの父親は離婚について一切、切り出さなかった。

「新幹線は混んでたろうとか、母さんが張り切って料理して待ってるぞ、とか。車が家に到着する直前に『ゆっくり休んでいけ』って言われたときには、泣きそうになりました」

下戸の両親と乾杯する

実家に着き、土岡さんが先に車を降りた。父親が車を車庫に入れている間に、土岡さんは実家の玄関ドアを開ける。

「ぱあっと、母の料理の匂いがしました。みりんと醤油《しょうゆ》と鰹《かつお》だしの交じった、あの匂い。母がエプロンで手を拭きながら玄関までパタパタと出てきて『おかえり』。僕はたまらなくなって、詫びようと何か言いかけたんですが、母は笑顔のまま遮って、『ちょっと早いけど、すぐご飯にしようか』って。また、泣きそうになりました」

夕食には土岡さんの好物ばかりが食卓に並んでいた。その献立について、土岡さんが嬉しそうに語る。両親の話をしているときの土岡さんは本当に幸せそうだ。

「父が食卓につくと、ビールの中瓶が2本出てきました。父は健康のため数年前から酒を控えていましたし、母は下戸なので、僕のために買って用意してくれた2本です。ところが、グラスが3つあるんですよ。父はともかく、母は一滴も飲めません。なのに母はちょっといたずらっぽく笑って、『今日はちょっとだけいただこうかな』って」

乾杯の音頭は土岡さんの父親。「今年も一年、家族が健康で無事に過ごせてよかったな」。そこに母親が「息子も無事に帰ってきたしね」と重ねた。

「僕は人生最悪の1年だったので、健康でも無事でもない。離婚のストレスでひどい顔をしていましたし、アバラが浮き出るほどげっそり痩せていた。なのに、まるでそんなことなんてなかったかのように、ふたりとも満面の笑顔を向けてくれる。なんて偉大な両親だろう、この家の息子で本当によかったと、心から思いました」

その後も土岡さんの両親は、土岡さんに離婚の理由を何ひとつ聞かなかった。相手や相手の親とは揉めていないか、お金に困っていないか、通院していたそうだが体調は大丈夫か、と聞くのみ。

「ちょっとおもしろかったのは、夕食の終わりがけに交わされた会話です。父が離婚について『ふたりとも仕事が忙しかったから、すれ違ったんだろうな』と言ったので、僕がそうかもと答えると、父が囁くようなかすれ声で、こう言いかけました。『次はもっと家庭的な人を……』。すると隣にいた母が、すかさず父の言葉を遮って『お土産に買ってきてくれた草餅、いただきましょうか』って（笑）。めちゃくちゃ雑に話題を変えたんです。あのやり取りには、妙に癒やされましたね」

ブラウン管を見つめる両親が嫌いだった

土岡さんは実家に1泊し、翌日東京への帰途についた。両親の愛情に包まれ、心から安堵したという。その新幹線の車中で、思い出したことがあった。

「僕は小学生の頃、実家でぼーっとテレビを観ている両親が嫌いでした。週末の夜、父と母はソファーにやや離れて座り、会話をするでもなく、ふたりで一心にブラウン管を見つめてるんです。ときどき、それぞれが番組に対して特に内容のない感想をポツポツ言うんですけど、言いっぱなしで、会話がラリーになってない。

普段の平日、父が遅く帰宅してからの夕食は、父がずっと夕刊を読んでいるので会話がない。週末くらい、たまには向かい合って話せばいいのに。夫婦に会話がなくなるってこういうことなんだな、こんな夫婦には絶対ならないぞって、心に誓いました。……それが、自分はこのざまです」

土岡さんに、「元妻さんとの夫婦生活では、向き合って対話したにもかかわらず、うまくいかなかったということでしょうか？」と聞くと、土岡さんは「テーブルとカウンター理論」と称する自説を展開し始めた。

「僕、夫婦には大きく2種類のありようがあると思ってるんです。ひとつはテーブル型。もうひとつはカウンター型です。テーブル型は、着席中、互いに相手の方向を向いている。つまり自分の注意の大半が配偶者に向けられます。相手と深いコミュニケーションを取ったり、意見交換したりできますが、互いの微妙な反応や表情の変化は、否応なしに相手にバレてしまう。それが、相手に対してとてつもなく不本意・不快なものであったとしても。

一方のカウンター型は横並びで座るので、配偶者に注意は払いません。その代わり、ふたりが同じ方向に視線を向けていて、同じものに興味・関心を抱いている。子育てとか、一緒に取り組める共通の趣味とか。何よりカウンター型は、相手への異議や、なんなら相手への〝無関心〟すら、相手に隠すことができます」

縁側、ソファー、カウンター

土岡さんは、ソファーに並んで座っていた両親を「カウンター型」、自分が実践した夫婦生活を「テーブル型」だと言いたいようだった。ちょっとした間を置いて、土岡さんは「元妻についての書くのは、このことだけにしてほしいんですが……」と念を押し、元妻と交際中にもらった手紙のことを教えてくれた。

「外で彼女と食事中、僕が彼女のキャリアについて差し出がましいことを言いすぎてしまい、彼女が怒って帰っちゃったことがあるんですよ。２日後に彼女から封書の手紙が届きました。そこには、ついカッとなってしまったことに対する謝罪と、でも私の言い分もわかってほしいということ、これからふたりがどうなっていきたいかが、丁寧に綴ってあったんです」

と言って土岡さんは、父親のメールを暗唱したのと同じような正確さで――よどみなく完璧に――手紙のあるフレーズを暗唱した。その大意はこうだ。「ふたりが年を重ねても、縁側に並んで外を見ながらお茶をすするなんて嫌だ。ずっとテーブルで見つめ合っていたい」

元妻の理想とする夫婦観が込められていた。

おそらく土岡さんは結婚する前からわかっていた。両親が横並びに座っていた「ソファー」と元妻が避けたいと主張した「縁側」が、実は同じものであることを。彼はその２つをまとめて「カウンター」と言い換えたのだ。

「テーブルとカウンター、どちらが正しかったんでしょうね。いや、正しいとかじゃないのかな。会話なくソファーでテレビを観ていた僕の両親は離婚せず、元妻とテーブル上で逃げ場のない真正面のどつき合いをした僕は離婚した。ただ、そういう事実があるだけです」

あとがき

各章を軽く振り返る。

「第1章　難儀な女に惹かれる男」は、一見して「メンヘラ妻に苦しめられた夫の被害報告」だが、語り手である夫側に聞き手である筆者が抱いたささやかな違和感も地の文に込めた。なお「Case #03　仲本守　夜と霧」はウェブでの発表時、編集者やライターら同業者からの反響が最も大きかったエピソードである。

「第2章　やがて悲しき文化系」は、あえて残酷な言い方をするなら「大都市に住み、知的職業に従事する、文化系男性」がたどった、ある種の自滅物語である。章タイトルは松尾芭蕉《まつおばしょう》の句「おもしろうてやがて悲しき鵜舟《うぶね》かな」から引いた。

「第3章　人の子にして人の親」は、現行法制度の〝限界〟を背景にしたわが子の親権争奪が絡むケースだが、当然ながら話を聞いた夫もその妻も、彼らの親からすれば「わが子」だ。ここには毒親の影響や虐待といった、逃れられない「親—子」の呪縛、すなわち二重の意味での「親子問題」が横たわっている。

「第4章　この理不尽なる社会」は、貧困や疾患や不妊など、当事者の努力ではどうにもならない困難が、ある種の社会問題として家族の亀裂に一定の影響を及ぼしたと思われるケースを集めた。なお「Ｃａｓｅ ＃10　石岡敏夫　咲かずして散る花」はウェブ掲出時、連載史上最大のＰＶ数を獲得している。

「第5章　わたしたちの役割」の2エピソードのみ、取材対象者が女性である。コミック原作用として番外編的に取材したものだが、思いのほかクリティカルで、「今の社会」を鮮やかな断面を露呈する話を聞くことができた。テキスト版は本書が初出となる。

「第6章　ぼくたちの結論」は、「幸せな夫婦」とは何かを問う定義論である。ここに登場する2人の男性の「結論」と「達観」には、同意しかねる人もいるだろう。そのことはまた、理想的な夫婦の形などそもそも存在しない——という真理を示しているのかもしれない。

本書は多くの方々の尽力によって出版に至った。

離婚経験のある男性たちの飲み会集団「バツイチ会」の皆さん。筆者が離婚して間もない10年ほど前、この飲み会に誘われて多くの離婚エピソードを聞いたことが、すべての発端である。「女子ＳＰＡ！」の担当編集・辻枝里さん。２０１８年初頭、同業者飲みの席で話した企画をすごいスピードで編集会議に提出し、連載を決めてくれた。なお「女子ＳＰＡ！」初出時には〝編集部判断〟で載せることができなかった記述や、簡潔を善しとするウェブ記事ではカットせざるをえなかったくだりも、本書収録にあたっては取材対象者の許可を得て復活させている。

集英社《しゅうえいしゃ》「グランドジャンプめちゃ」編集部の星野哲男さん。『ぼくたちの離婚』刊行直後、高い熱量でコミカライズを提案してくれた方である。初めての漫画原作仕事について、多くのことを学ばせてもらった。

本書の書籍化を実現してくれた清談社Publicoの沼澤典史さん。筆者とはひと回り半ほども年下の既婚編集者だが、彼の口から出た強い共感の言葉（や恐怖の表明）からは、本書が世代を超えて響く書物だということを確信させてくれた。

そして、自身の離婚について赤裸々に語り、根掘り葉掘りのしつこい問いにも懸命に言葉を探し、話してくれた取材対象者の皆さんに、最大級の感謝を捧げたい。

Case #12に登場する広田美波さんの言葉は、何度でも反芻《はんすう》する価値がある。この言葉を、すべての離婚者に贈りたい。

「大事なのは正解と不正解を選別することじゃない。現実を、どう肯定するか」

令和5年2月
稲田豊史《いなだとよし》

［初出一覧］

Case #01 ～ #10、#13、#14
「女子 SPA!」（扶桑社）
2019 年 11 月～ 2022 年 12 月配信分に加筆・修正

Case #11
「グランドジャンプめちゃ」（集英社）
2021 年 2 月号掲載のコミック版（漫画：雨群、原作：稲田豊史）を文章化

Case #12
「めちゃコミック」で 2021 年 10 月に配信されたコミック版（同）を文章化

こわされた夫婦《ふうふ》
ルポ ぼくたちの離婚《りこん》

2023年5月10日　第1刷発行

著　者　稲田豊史《いなだとよし》

ブックデザイン　木庭貴信＋岩元 萌（オクターヴ）
写　真　iStock.com/FOTOGRAFIA INC.
編　集　沼澤典史

発行人　岡﨑雅史
発行所　株式会社 清談社Publico
〒102-0073
東京都千代田区九段北1-2-2　グランドメゾン九段803
Tel. 03-6265-6185　Fax. 03-6265-6186

印刷所　中央精版印刷株式会社

ISBN 978-4-909979-44-5 C0095

清談社
Publico

http://seidansha.com/publico
Twitter @seidansha_p
Facebook http://www.facebook.com/seidansha.publico